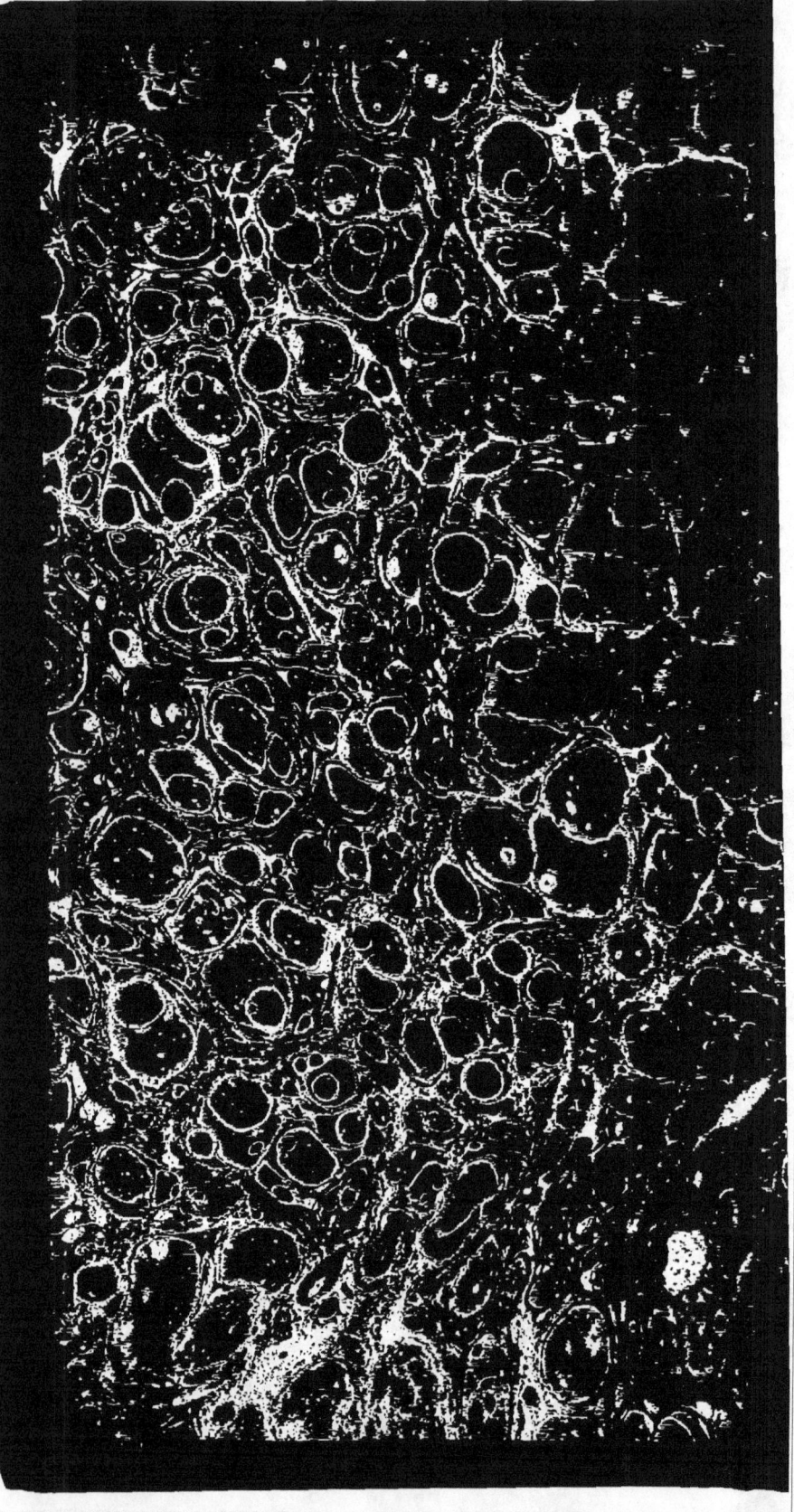

MŒURS FRANÇAISES.

LES HERMITES
EN LIBERTÉ,

SUITE DES

HERMITES EN PRISON,

L'HERMITE DE LA CHAUSSÉE-D'ANTIN,

DU FRANC-PARLEUR

ET DE L'HERMITE EN GUYANE, ETC.

TOME II.

Les formalités exigées ayant été remplies, les contrefacteurs seront poursuivis suivant la rigueur des lois.

Cet ouvrage se trouve aussi à

Agen..	chez Noubel	Londres..	{ Bossange. / Dulau.
Aix-la-Chap.	Laruelle.		Treuttel et Würtz.
Angers....	Fourrié-Mame.	Lorient..	{ Caris. / Fauvel.
Arras.....	Topine.		
Bayonne...	Bouzom.		
Berlin....	Schlesinger.	Lyon...	{ Bohaire. / Faverio. / Maire.
Besançon.	{ Deis. / Girard.		
Blois.....	Aucher-Éloi.	Manheim..	Artaria et Fontaine.
Bordeaux..	{ Mme. Bergeret. / Lawalle jeune. / Melon. / Coudert. / Gassiot. / Gayet.	Mans.....	Pesche.
		Marseille..	{ Chardon. / Maswert. / Moissy. / Camoin. / Chaix.
Bourges...	Gilles.	Metz...	{ Devilly. / Thiel.
Breslau...	Korn.	Mons.....	Leroux.
Brest....	{ Le Fournier-Desp. / Egasse. / Michel.	Montpellier	{ Sevalle. / Gabon.
		Moscou....	Fr. Ris père et fils.
Bruxelles.	{ Lecharlier. / Demat. / Stapleaux. / Lacrosse.	Nancy....	Vincenot.
		Nantes....	Busseuil.
		Naples...	{ Borel. / Marotta et Vanspandoch.
Caen.....	Mme. Belin-Lebaron.		
Calais....	Leleux.	Nîmes....	Melquiond.
Cambray...	Giard.	Niort.....	Élies-Orillat.
Chartres...	Hervé.	Orléans...	Huet-Perdoux.
Clermont-F.	Thibaud.	Rennes...	{ Duchesne. / Molilex.
Dijon....	{ Lagier. / Noellat. / Tussa.		
Dunkerque.	{ Bronner-Beauvens. / Létendart-Delevoye.	Rouen...	{ Frère. / Renault. / Dumaine-Vallée.
Florence...	Piatti.	Saint-Brieux.	Lemonnier.
Francfort..	Brœnner.	Saint-Malo..	Rottier.
Gand....	{ Dujardin. / Houdin.	Saint-Pétersbourg	{ C. Weyer. / Saint-Florent.
Genève..	{ Paschoud. / Mangez-Cherbuliez.	Stockholm..	Cumelin.
		Strasbourg.	Levrault.
Havre....	{ Duflo. / Chapelle.	Toulouse.	{ Vieusseux. / Senac.
Lausanne...	Fischer.	Turin...	{ Ch. Bocca. / Pic.
Leipsick...	Grieshammer.	Valenciennes	Lemaître.
Liége....	{ Desoër. / Collardeau.	Vienne....	Shalbacherg.
Lille.....	Vanackere.	Warsovie...	Klusgsberg.
Limoges...	Bargéas.	Ypres.....	Gambart-Dujardin.

PARIS.—IMPRIMERIE DE FAIN, RUE RACINE, N° 4.
PLACE DE L'ODÉON.

AU PALAIS-ROYAL.

M. DCCC. XXIV.

LES HERMITES
EN LIBERTÉ,

PAR E. JOUY ET A. JAY;

POUR FAIRE SUITE

AUX HERMITES EN PRISON,

ET AUX OBSERVATIONS

SUR LES MOEURS ET LES USAGES FRANÇAIS
AU COMMENCEMENT DU XIXe. SIECLE,

PAR E. JOUY,
MEMBRE DE L'INSTITUT.

*Ornés de deux gravures
et de dix-huit vignettes.*

TOME DEUXIÈME.

TROISIÈME ÉDITION.

A PARIS,

CHEZ LADVOCAT, LIBRAIRE
DE S. A. S. MONSEIGNEUR LE DUC DE CHARTRES.
AU PALAIS-ROYAL.

M. DCCC. XXIV.

LES HERMITES EN LIBERTÉ.

N°. XV. — 2 *mars* 1824.

QUINZIÈME LETTRE.

L'HOMME AUX DIX-SEPT FEMMES.

Nulli benè nuptus.
MARTIAL.
Souvent marié, et toujours célibataire.

NE vous récriez pas, mon ami, ce titre ne vous annonce pas un chapitre de Laclos ou de Crébillon. Un courage d'un genre extraordinaire, dont un homme né dans la classe la moins honorée de la société a donné l'exemple, fera le sujet de cette lettre. Vous me l'avez souvent dit, ces gens-là ont aussi leurs passions, leurs drames, leurs romans et leur héroïsme. Nous sommes généralement portés à croire qu'ils sont, par le fait seul de leur position, étrangers aux maux et aux inquiétudes qui tourmentent les habitans des villes :

« Hélas! grands et petits, et sujets et monarques,
» Distingués un moment par de frivoles marques,
» Égaux par la nature, égaux par le malheur,
» Tout mortel est chargé de sa propre douleur. »

Savez-vous qui me citait hier ces beaux vers? Le bonhomme Georges Grounmann, portier d'une maison voisine que j'habite, et qui me rapportait un roman que j'avais prêté à sa maîtresse. Ce roman devint le texte de notre conversation. « Grounmann, lui demandai-je, je sais que vous aimez la lecture, et que vous vous connaissez en bons livres; je parierais que vous avez parcouru celui que vous me rapportez. — Très-rapidement, monsieur; c'est un roman. — Ce genre d'ouvrages ne vous plaît pas, à ce qu'il paraît? — Non, monsieur; tous les romans sont si fades, comparés à mon histoire! — Comment diable! vous avez une histoire? — Et une histoire merveilleuse, qui plus est. Quand, par désœuvrement, j'ai la patience de suivre dans le cours de ses mésaventures le héros imaginaire de ces récits de commande, je le compare à moi-même, qui ne suis pourtant pas un héros, et cela me fait sourire de pitié.

» Voilà, me dis-je, à moi-même, continua Grounmann, un homme bien à plaindre! il a éprouvé quelques malheurs dont il s'est tiré plus ou moins courageusement; mais, après tout, ses malheurs lui étaient personnels; et c'est à son profit qu'il a employé, pour s'y soustraire, cette force de caractère que l'on fait sonner si haut; mais moi, pauvre diable, dont la vie a été éprouvée par tant de traverses, je n'aurais jamais eu à me plaindre du sort, dans la condition et à l'époque où je suis né, si j'avais pris la société au mot, et que je me fusse dit à moi-même : Je suis jeté dans la classe la plus obscure, dont on m'a défendu de sortir; voici venir une révolution qui me permet de rentrer dans mes droits d'homme et de citoyen, j'en userai sans me mettre en peine des maux qui peuvent en résulter pour ceux qui s'appellent mes maîtres, parce qu'ils ont vu le jour au premier étage et moi sous la grand'porte. Mais la raison qui me suggérait ces premières idées ne tint pas contre mon cœur, qui valait mieux qu'elle; et, quand je pouvais rester tranquille sur le rivage, je me jetai dix-sept fois à l'eau pour sauver ceux qui se noyaient : je ne m'en repens pas ; mais Dieu sait que j'ai bien à cela quelque mérite. »

Ce peu de mots me donna l'envie d'apprendre l'histoire du bonhomme Georges.

« Parbleu, lui dis-je, vous devriez bien me conter votre roman ; il m'intéresserait plus en effet que tous les exploits et toutes les passions factices dont nos contes en prose sont ordinairement semés. — Volontiers, monsieur », reprit le bonhomme Georges, en prenant place auprès de moi.

« Je suis né au faubourg Saint-Germain, dans la loge de l'hôtel du comte de L***, où mon père, sous le nom de suisse, comme on disait alors, était concierge, comme on dit aujourd'hui, ou tout simplement portier, comme on devrait dire. Dès l'âge de neuf ou dix ans je faisais les commissions de l'hôtel, et je me souviens qu'à défaut de coureur, le neveu de son altesse m'avait choisi pour sa correspondance du matin avec mademoiselle Allard, célèbre danseuse de l'Opéra. Cette demoiselle me prit en amitié, et me fit entrer à Sainte-Barbe, où elle payait ma pension : j'avais quelques dispositions, j'aimais l'étude, et il est probable que l'écolier serait un jour devenu professeur si, dans une querelle entre un brillant élève, son répétiteur, et un pauvre boursier, je n'eusse pris parti pour ce dernier. Le nez du jeune seigneur fut cruellement maltraité dans cette explication à coups de poings : le noble battu porta plainte, et le recteur décida, dans sa justice, que celui qui avait fait saigner du nez le gentilhomme agresseur serait chassé comme un vilain.

» Il n'était pas bien sûr que ma main fût coupable du horion malencontreux; mais il y allait pour mon ami Bertrand de la perte d'une bourse; je risquais beaucoup moins, je pris sur moi la faute, et je fus mis à la porte; c'était mon poste de toute éternité. Mon père venait de mourir, et ma mère me mit sur le corps le baudrier paternel, que j'acceptai avec une extrême répugnance.

» Cependant quelques années de ma jeunesse s'écoulèrent assez doucement; j'avais découvert le parti que je pouvais tirer de ma position : j'usai du privilége des suisses de grande maison, je vendis du vin en bouteilles, et j'écrivis mes *Mémoires*.

» La première partie de cet intéressant ouvrage, qui ne verra le jour qu'après ma mort, ne contient guère que des observations locales; mais peut-être y trouvera-t-on la preuve qu'il y a des choses qu'on ne pouvait apprendre à cette époque que dans la loge d'un suisse du faubourg Saint-Germain.

» C'est dans les détails de ces mémoires que nos enfans pourront apprécier l'influence des robes de cour dans la monarchie; plusieurs intrigues pour et contre Meaupou y sont clairement expliquées. On y verra les affaires se traiter parmi les plaisirs ; les mouches qui couvraient le visage des jolies femmes servir à tracer la marche des armées; les édits bursaux sortir des *petites maisons*, et les lettres de cachet griffonnées de la main d'une petite-maîtresse.

» Cependant la révolution approchait : je m'étais créé une philosophie à mon usage; j'avais alors trente ans, et je sentais plus vivement qu'un autre tout le prix de la liberté qu'elle nous promettait; j'avais quelque réputation parmi les hommes de mon faubourg, et je prévoyais le moment d'un triomphe auquel j'avais le désir et le pouvoir de m'associer; mais un plus noble orgueil me retint volontairement sous la livrée que j'avais acceptée malgré moi.

» Tant que le baudrier de suisse avait été une sorte de distinction pour moi, parmi les hommes de mon rang, je l'avais regardé comme un signe d'esclavage. Je vis approcher le moment où il pourrait être un titre de proscription, et je m'en fis honneur. Les maîtres que je servais subirent toutes les infortunes de l'époque : les valets de l'hôtel les avaient quittés. Ils voyaient avec inquiétude le moment où l'abandon de leur dernier serviteur pourrait les livrer sans défense à leurs ennemis. Je restai dans l'hôtel.

» Mes sentimens d'indépendance et la bizarrerie de mes principes philosophiques, que je n'avais jamais cachés, étaient généralement connus; ce genre de réputation put seul me faire échapper aux périls d'un poste, que je conservais avec d'autant plus d'obstination que j'en voyais le danger s'accroître.

» Un mouvement populaire mit en danger la vie et les biens de cette noble famille. Un asile que je sus lui ménager sur les bords du lac de Lucerne où mon père était né, et un *fideicommis* par lequel toute la fortune du comte L***, l'hôtel excepté, passa sur ma tête, furent les moyens que j'employai pour arriver à un résultat qui n'était pour moi ni sans difficultés ni sans péril.

» Monseigneur, en émigrant, avait laissé à la garde de ma mère sa fille unique âgée de 13 ans, qu'il n'avait pas voulu exposer aux chances d'un voyage dont il ne voyait pas le terme.

» Mademoiselle Amélie, qui depuis..., mais alors elle était aussi aimable que douce et modeste, fut élevée par ma mère, avec plus de soins et plus de tendresse qu'elle n'aurait pu l'être, j'ose le dire, dans sa propre famille, même au temps de sa splendeur.

» Avant de continuer, je dois vous faire faire une plus ample connaissance avec l'ami Bertrand, ce boursier de Sainte-Barbe, dont j'ai déjà parlé. Dans le grand mouvement, ou, si vous l'aimez mieux, dans le grand bouleversement politique qui s'était opéré, Bertrand, chez qui l'exagération des principes n'avait pas altéré l'extrême bonté du cœur, avait fait son chemin : il était alors, en 1793, président de section et officier municipal ; mais les honneurs n'avaient pas changé ses mœurs : non-seulement il était resté mon ami, mais nous avions formé ensemble une sorte d'association dont le but, vraiment chevaleresque, était de détourner de la tête des femmes les coups de la foudre révolutionnaire ; dans cette intrigue d'un genre tout-à-fait nouveau, j'étais la pensée, il était l'action.

» Je reviens à mademoiselle Amélie, au moment où sa position et la nôtre étaient devenues d'une extrême difficulté : elle touchait à sa seizième année, et, quelque soin que ma mère eût pris à la dérober aux regards, elle était devenue l'objet de l'attention sérieuse d'un homme de la *Montagne*, fils d'un aubergiste de Tours, et alors conventionnel, qui logeait dans l'hôtel, et dont les soins, (je commençais à m'en apercevoir), ne déplaisaient pas à la noble demoiselle. Je me hâtai d'en prévenir son père, avec qui j'entretenais une correspondance suivie, par l'intermédiaire de l'ami Bertrand.

» M. le comte daigna, pour la première fois, m'écrire de sa propre main, et ce fut pour m'adresser, à ma mère et à moi, les plus sanglans reproches : comment avions-nous souffert qu'un homme de *rien*, qu'un monstre *sans naissance et sans fortune*, eût jeté les yeux sur sa fille! Il m'*ordonnait* de prendre des mesures pour la lui renvoyer sur-le-champ, en affectant aux frais de son voyage le produit de sa ferme de Mont-Rouge, qu'il m'autorisait à vendre.

» J'avoue que je perdis patience à la lecture de cette lettre, et que j'y répondis avec le sentiment d'indignation que m'inspirait tant d'orgueil et d'ingratitude : je finissais par dire à M. le Comte, que c'était assez pour ma mère et pour moi des dangers auxquels nous nous étions exposés jusqu'ici pour sa famille ; que nous étions prêts à remettre mademoiselle Amélie aux mains de la personne qu'il devait se hâter de nous indiquer, s'il voulait la soustraire aux poursuites de l'homme de *rien*, qui pouvait *tout*; mais que, dans tous les cas, il était nécessaire qu'il pourvût aux frais du voyage de sa fille, attendu que le séquestre était encore sur tous ses biens, et que, malgré le fidéicommis, je n'avais pu jusqu'ici, ni vendre la moindre partie de ses propriétés, ni même en toucher le fermage.

» Soit que la réflexion eût éclairé M. le Comte de *** sur son injustice envers nous, soit que son cœur paternel eût été vivement ému des malheurs qui menaçaient sa fille, et dont je n'avais point adouci la peinture, la réponse que je reçus, pleine des témoignages de la plus vive reconnaissance, me fit bientôt oublier mon ressentiment, et je ne pensai plus qu'à achever mon ouvrage, en cherchant le moyen de remettre Amélie entre les bras de son père.

» Notre amoureux *terroriste*, sans soupçonner mon projet, en craignait néanmoins le résultat, et ne trouva rien de mieux, pour s'opposer au départ de la jeune personne, que de solliciter l'ordre de la faire arrêter comme fille d'émigré. Bertrand m'aida pendant quelques mois à déjouer cette intrigue infernale, dont le secret, dévoilé à notre jeune pupille, avait changé en horreur l'inclination qu'elle avait d'abord éprouvée pour un pareil séducteur. Informé par Bertrand du succès inévitable et prochain des démarches du Montagnard, je m'avisai, pour la première fois, d'un moyen de la hardiesse duquel vous allez juger : mon ami Bertrand, officier public de ma section, dressa l'acte de mariage de Georges Grounmann, suisse d'origine, avec mademoiselle Amélie de ***, et lui délivra en même temps un passe-port avec lequel celle-ci, dès le jour même, partit avec ma mère pour rejoindre son père à Coblentz.

» Croiriez-vous, Monsieur, que le Comte de *** se montra beaucoup moins sensible au plaisir de retrouver sa fille, qu'à la honte d'apprendre qu'elle avait porté mon nom pendant trois jours ; et que ma mère, pendant les vingt-quatre heures qu'elle passa dans le pauvre logement que le Comte occupait, ne fut point admise à l'honneur de sa table !

» Je vous fais grâce des réflexions amères, je dirai même, des idées de vengeance que cette conduite impertinente fit naître dans mon esprit, et je continue ma narration.

» L'année suivante on se préparait à vendre l'hôtel de L*** dont j'étais toujours concierge ; j'adressai une pétition au département, et je parvins à faire réserver ce bâtiment pour une administration publique. Lorsqu'elle y fut installée, je témoignai à M. Duremont (chef d'administration que j'avais impatronisé dans l'hôtel) le dessein et les raisons que j'avais d'aller chercher fortune ailleurs.

» M. Duremont était un homme d'esprit et de cœur ; il connaissait ma conduite, il appréciait mon caractère, et me témoignait une confiance à lequelle il était bien difficile de ne pas répondre; j'y serais parvenu cependant, s'il n'avait employé les sollicitations de sa femme pour me détourner de ma résolution. Comment résister à cet ange de grâce et de jeunesse? je restai concierge.

» La révolution qui parcourait toutes ses périodes, d'excès en excès était arrivée au dernier terme de la terreur : la probité irréprochable, le patriotisme ardent du citoyen Duremont ne le mirent pas long-temps à l'abri des suspicions du comité de surveillance; il fut arrêté dans la nuit même où j'avais tout préparé pour sa fuite. J'eus l'adresse et la présence d'esprit de le faire conduire dans une des succursales des prisons de Paris, dont je connaissais le concierge. Huit jours après il était arrivé en Suisse avec son gardien. Rien de plus romanesque et de plus intéressant que l'histoire de sa fuite.

» Madame Duremont me devait la vie d'un mari qu'elle adorait, je n'ai pas besoin de vous parler des témoignages de sa reconnaissance. Le fugitif fut jugé par contumace, et tous ses biens confisqués.

» La misère à laquelle ce jugement réduisait cette jeune dame et l'enfant qu'elle nourrissait, l'affligeait beaucoup moins que l'impossibilité où elle était de rejoindre son mari. Cette pensée funeste finit par prendre un tel ascendant sur son esprit qu'elle altéra sa santé, et ne me laissa bientôt plus d'autre espérance de lui sauver la vie que de la rendre à son époux.

» J'entrai chez elle un matin : Madame, lui dis-je, je puis, avant un mois, vous ramener à votre mari, et vous faire rentrer dans la plus grande partie de vos biens.

Elle m'interrompit par des cris de joie qu'accompagnait un déluge de larmes : Mais, continuai-je, avant de rien entreprendre, j'ai besoin que vous vous engagiez avec moi, par serment, à ratifier toutes les démarches que je vais faire, et à suivre aveuglément la conduite que je dois vous tracer, quelqu'inconcevable qu'elle puisse vous paraître. — Mon ami, me répondit-elle, je n'ai plus de confiance qu'en Dieu et en vous : mon sort, ma vie, celle de mon époux et de ma fille sont entre vos mains, je vous les abandonne sans crainte et sans réserve.

». Le lendemain je lui portai à signer une demande en divorce : elle frémit et jeta sur moi un regard plein de trouble et d'irrésolution ; Madame, lui dis-je en essayant de sourire, ce n'est là que la moindre des preuves de confiance que j'exige de vous.

Elle me serra la main, prit la plume et signa.

» Quinze jours après, je lui portai l'acte de divorce, bien en règle. Maintenant, lui dis-je, en votre qualité de femme divorcée d'un contumace, vous voilà rentrée dans la jouissance de votre dot et de votre douaire. — Et mon mari, interrompit-elle brusquement, quand pourrai-je le rejoindre ? — Quand vous serez remariée. — Remariée !... — Oui, madame, remariée avec moi. Je ne lui laissai pas le temps de revenir de son saisissement. « A midi, continuai-je, vous serez la femme du suisse Georges Grounmann. A une heure, nous aurons nos passe-ports, et à deux, nous sommes sur la route de Genève, où votre mari nous attend.

» Madame Duremont prit sa fille dans ses bras, se jeta à genoux devant le portrait de son mari, et, se relevant avec fermeté

Monsieur Grounmann, me dit-elle, il n'y a que Dieu qui puisse récompenser ou punir l'action que vous allez commettre !...

» Nous nous rendîmes à la municipalité. Mon ami l'officier public m'y attendait; il nous délivra, cette fois-ci comme l'autre, l'expédition d'un acte qu'il n'avait point inscrit sur le registre de l'état civil. En le quittant, nous allons prendre nos passe-ports, qu'on nous remet sans difficulté, et nous montons en voiture, pour n'en plus descendre qu'à Genève, où je remis madame Duremont entre les bras de son heureux époux.

» Je revins à Paris. Mon acte de mariage en main, je fis lever le séquestre sur la portion des biens de madame Duremont, dont le divorce avait remis sa femme, ou plutôt la mienne, en possession; je les vendis, et leur en fis passer l'argent.

» J'appris bientôt que les époux étaient

passés en Amérique, et qu'ils y jouissaient du repos et de l'aisance.

» Déjà mari de deux femmes, et bien certain qu'une fois atteint et convaincu de bigamie, je ne courais pas de risques nouveaux à renouveler mon stratagème, je contractai quinze autres mariages du même genre, c'est-à-dire que je sauvai l'honneur et la vie de dix-sept femmes infortunées que poursuivait la politique ou la vengeance de cette cruelle époque. Je ne vous fatiguerai pas du récit de toutes ces aventures, qui rentrent nécessairement dans le même cadre et presque dans les mêmes détails : je ne vous répéterai pas les mêmes doléances sur l'ingratitude ou l'oubli dont j'ai été victime; je termine en vous disant que j'étais enfermé au Luxembourg avec ma dix-septième épouse, quand le 9 thermidor vint sonner notre délivrance, et me permit de jouir en liberté du bien que j'ai fait, des périls auxquels j'avais échappé, et de la philosophie qui se borne, pour moi, à cette maxime du roi Salomon :

« Répandez vos bienfaits avec munificence,
» Même au moins vertueux ne les refusez pas ;
« Ne vous informez pas de leur reconnaissance,
« Il est grand, il est beau de faire des ingrats. »

E. J.

N°. XVI. — 5 mars 1824.

SEIZIÈME LETTRE.

LE QUAKER.

La fin des commandemens c'est la charité.
Première épître de saint Paul à Timothée.

Vous m'avez souvent témoigné le désir de connaître les mœurs de cette secte de chrétiens qui se désignent sous le nom d'*amis*, et que nous appelons la société des *quakers*. Ces disciples de Penn sont nombreux dans les États-Unis ; et de quelques calomnies dont ils aient été l'objet, vous pouvez regarder comme un fait positif qu'il n'y a point au monde de société dont les membres soient aussi recommandables par la pratique des vertus sociales, la pureté du sentiment religieux, et le respect de l'humanité.

L'anecdote que je vais raconter vous fera mieux apprécier la doctrine et les mœurs des quakers américains que toutes les réflexions que je pourrais vous offrir. La scène se passe auprès d'York-Town, ville célèbre par la capitulation de l'armée britannique sous les ordres de lord Cornwallis; événement décisif qui honora la valeur française, et ouvrit un asile inviolable au génie de la liberté.

C'était au mois d'octobre 1781; York-Town était assiégé par l'armée combinée de France et d'Amérique. Les généraux Washington et Rochambeau résolurent d'enlever de vive force les redoutes de la ville. La victoire couronna les efforts des défenseurs de l'indépendance américaine; mais plus d'un brave guerrier y perdit glorieusement la vie. M. de Terville, un de nos meilleurs officiers, qui, l'un des premiers, s'était jeté, l'épée à la main, au milieu des ennemis, fut blessé, et resta quelque temps au nombre des morts.

John Langdon, l'un de ces quakers dont je vous ai parlé, vint après le combat visiter le champ de bataille, avec l'espoir de secourir quelque blessé; il reconnut que M. de Terville respirait encore, et le fit transporter dans sa maison, située sur les bords de la Chésapeak; tous les secours de l'art lui furent prodigués. Le chirurgien, après avoir posé le premier appareil, recommanda de laisser reposer l'officier français, et se retira.

M. de Terville avait eu le temps de recueillir ses idées, et voulut témoigner sa reconnaissance au généreux Américain qui, debout près de son lit, semblait veiller sur lui avec intérêt. Langdon, l'interrompant d'un air brusque, lui ordonna de se tenir en repos. Cet officier, un peu surpris de ce ton impératif, prit le parti d'obéir à l'injonction de son hôte. « Je suis tombé, se dit-il à lui-même, entre les mains de quelque bourru bienfaisant, dont, après tout, je dois m'estimer heureux d'éprouver la capricieuse bienveillance. » M. de Terville s'endormit paisiblement sur cette pensée, et ne se réveilla le jour suivant qu'à onze heures du matin.

L'influence d'un sommeil doux et prolongé avait été pour lui un baume salutaire. En soulevant sa tête, il aperçut, assise près de son lit, une jeune fille qu'une imagination païenne aurait aisément prise pour la déesse de la santé. M. de Terville allait se livrer à sa surprise et à son admiration, mais on lui intima de nouveau, par un signe expressif, l'ordre de garder le silence. Après avoir obtenu ce qu'elle exigeait, la jeune Américaine reprit avec tranquillité une lecture qui paraissait absorber toute son attention. M. de Terville, de qui je tiens ces détails, m'a dit depuis qu'il ne s'était jamais trouvé dans une position aussi singulière. En examinant cette jeune fille d'une beauté angélique, il éprouvait certaines sensations qu'il est difficile d'exprimer, et qui s'emparèrent de toutes les facultés de son âme. Il était plongé tout entier dans cette ravissante contemplation, lorsque le chirurgien, suivi du quaker Langdon, entra dans la chambre et s'approcha du malade. Après avoir levé l'appareil et tâté le pouls de notre officier, dont l'œil lui parut vif et animé, il déclara avec une bonne foi dont un médecin peut seul apprécier toute la naïveté, qu'il s'était trompé sur le caractère de la blessure, et que *le patient* [1] ne courait aucun danger. Il lui prescrivit de prendre quelque nourriture, et même de se lever si ses forces le lui permettaient. Ensuite il murmura quelques mots à l'oreille de Langdon en regardant la jeune fille, et promit de revenir le lendemain pour s'assurer si l'événement aurait justifié son pronostic; il ajouta que M. de Terville ferait bien d'éviter la fatigue des longues conversations.

L'officier français, qui parlait la langue anglaise avec facilité, s'imagina qu'après le rapport favorable du docteur on ne l'empêcherait pas de proférer quelques paroles; mais au moment où il ouvrait la bouche: « C'est bon, c'est bon; tais-toi, l'ami, » lui dit le quaker. Et il sortit, emmenant avec

[1] Les médecins anglais nomment un malade « *The patient* », le patient. Nous devrions adopter cette expression qui peint avec tant de vérité la situation d'un malade aux prises avec la faculté.

lui sa fille Rachel, dont la taille souple et la démarche gracieuse fournirent au *patient* de nouveaux sujets de méditation.

Quelque temps après il s'habilla, et vit entrer dans sa chambre une vieille négresse qui lui portait des alimens. Il ne mangea pas sans appétit, et but un verre de vin de Madère dont il se trouva fort bien. Il voulut essayer d'entrer en conversation avec Philis (c'était le nom de cette vieille négresse) ; mais elle lui parut aussi taciturne que ses maîtres ; il apprit seulement les noms et la qualité de ses hôtes. Comme c'était un dimanche, que les Anglais appellent *le jour du sabbath*, et qu'ils observent religieusement, Langdon et sa fille s'étaient rendus au temple des quakers. Pendant leur absence, M. de Terville visita la maison, dont les meubles, simples et commodes, étaient d'une propreté recherchée ; il parcourut aussi le jardin terminé par une terrasse, d'où l'œil embrasse une perspective admirable par sa variété et son étendue. D'un côté la ville d'Yorck, ses remparts et ses édifices publics, s'élèvent sur un plan qui s'incline par degrés jusque sur les bords d'un fleuve large et rapide; de l'autre, l'on aperçoit des villages, des prairies, des champs cultivés, de hautes forêts. Au-devant se déroulent les eaux vastes et profondes de la Chésapeak, d'où sortent, de distance en distance, des îles hérissées de rochers, dont quelques pointes, couvertes d'érables, de vieux chênes et de sassafras, paraissent dans le lointain comme des obélisques de verdure. M. de Terville contemplait avec admiration ce magnifique tableau, lorsqu'un bruit léger interrompit sa rêverie. Il se retourne, et reconnaît Rachel, qui le presse d'aller rejoindre son père, et qui lui offre l'appui de son bras. Il aurait pu se passer d'un pareil secours, mais il n'eut pas la force de le refuser; je ne sais même comment il se fit que sa main toucha la main douce et blanche de la jeune Américaine; c'est un événement dont il ne m'a pas donné l'explication.

Au bout d'une superbe allée de magnolias, ils trouvèrent le vénérable Langdon entouré de ses serviteurs, et assis auprès d'une table de granit; il lisait avec attention dans une grande Bible ouverte devant lui. M. de Terville et Rachel se placèrent vis-à-vis du quaker; alors celui-ci, levant la tête, dit à l'officier français : « Ami, je suppose que le sentiment de la religion n'est pas éteint dans ton cœur, et que tu ne seras pas scandalisé, quoique papiste, si je lis aujourd'hui à haute voix, suivant notre coutume, quelques passages de l'Écriture Sainte. Je remplis ce devoir pour l'instruction de ma famille, et pour ma propre instruction. Qu'en penses-tu? Je te permets de parler. »

M. de Terville fut d'abord surpris de cette interpellation inattendue ; il s'aperçut que Rachel fixait les yeux sur lui comme si elle eût voulu lire au fond de son cœur, et répondit qu'il écouterait avec plaisir une lecture aussi édifiante.

Alors Langdon, d'une voix ferme et solennelle, lut cette parabole du Samaritain, qu'on ne relit jamais sans émotion. La lecture terminée, le quaker ferma la page divine, et dit : « Mes amis, n'imitons ni le prêtre ni le lévite ; prenons pour modèle le Samaritain ! »

L'officier français fut ému de ces paroles. Le souvenir du danger qu'il venait de courir, de la bonté compatissante qui l'avait arraché des bras de la mort, l'aspect du respectable vieillard dont la bouche et le cœur étaient si bien d'accord, la vue même de cette jeune fille d'une beauté si touchante, tout contribuait à lui faire éprouver un sentiment indéfinissable qui semblait le détacher des fanges terrestres. Pour la première fois il se sentit susceptible d'enthousiasme religieux.

Après la lecture on prit le thé. Langdon, n'ayant plus de crainte pour la santé de M. de Terville, adoucit un peu la brusquerie de son langage, et lui fit même quelques questions sur l'Europe.

Notre officier ne laissa pas échapper l'occasion de parler avantageusement de son pays. Il raconta les merveilles de Versailles et de Paris, et s'étendit principalement sur les magnificences de cette dernière cité. Il dit qu'on ne pouvait rien voir de comparable à la splendeur de ses palais, à la beauté de ses théâtres et de ses monumens publics ; il vanta le génie de ses artistes, et n'oublia pas l'éloge de ses habitans, qui, par leur esprit et leur urbanité, servaient de modèle à l'Europe, ou plutôt au monde entier. Passant ensuite à l'importance politique du royaume, il fit l'énumération de ses nombreux arsenaux, de ses flottes, de ses armées capables de faire trembler les peuples les plus puissans, et qui avaient porté en tous lieux la gloire du nom français. Il cita de grandes batailles gagnées, des forteresses emportées d'assaut, des provinces envahies et retenues sous le joug; enfin il ne négligea rien de ce qui pouvait donner au quaker et à sa fille la plus haute admiration pour la France.

Il s'aperçut avec étonnement que son éloquence ne produisait pas sur ses auditeurs l'effet qu'il s'était promis. « Il me semble, ami, répondit le quaker, que tu n'as pas une idée juste de ce qui constitue la gloire réelle et la vraie grandeur des peuples. Dis-moi : les lois, dans ton pays, sont-elles égales pour tous les citoyens? Chacun peut-il se livrer, sans craindre l'arbitraire, à l'exercice de son industrie, et jouir avec plénitude de ses droits légitimes? N'y voit-on ni oppresseurs, ni opprimés? Avez-vous la liberté de conscience qui seule donne du prix aux sentimens religieux? Vos lévites sont-ils humains, modestes, détachés des pompes mondaines? Est-ce l'homme ou la loi qui décide dans vos tribunaux? Connaissez-vous, pratiquez-vous cette morale évangélique qui se fonde principalement sur la charité? Tu me parles de palais, de théâtres, de monumens publics, d'armées vaincues, de provinces ravagées; je ne vois là que des constructions cimentées par la sueur et le sang des hommes, que de fastueux brigandages. Pour moi, je ne conçois pas de gloire sans liberté, et de bonheur sans vertu. »

Ces considérations morales ne s'étaient pas encore présentées à l'esprit de M. de

Terville; il en fut étonné; et comme il cherchait quelque réponse, le quaker l'arrêta, et lui dit : « Nous avons assez parlé; tu as encore besoin de repos; retournons au logis. »

Ils se levèrent; M. de Terville s'appuya de nouveau sur le bras de la jeune Américaine. Le soleil descendait alors des montagnes; des bandes d'un pourpre éclatant traversaient la partie encore visible de son disque, et ses derniers rayons étincelaient sur les eaux calmes de la Chésapeak; un vent frais et léger courait sur la vallée, dispersant au loin le parfum des fleurs. Je ne sais quelle sensation éprouvait alors M. de Terville; mais il m'a dit plus d'une fois qu'il était vivement ému, et qu'il ne put s'empêcher d'imprimer un baiser téméraire sur la main de son aimable guide.

M. de Terville s'était abandonné à un premier mouvement sans réfléchir aux conséquences de sa témérité; ce n'est pas que Rachel s'en trouvât offensée. Les jeunes filles, en Amérique, se laissent baiser la main sans attacher d'importance à cet acte de familiarité. Il ne pouvait en être ainsi de l'officier français. Il se retira dans sa chambre pour prendre quelque repos; mais à peine fermait-il les yeux que l'image de Rachel, dans toute la fraîcheur et l'éclat de sa beauté se présentait devant lui. Il la voyait, il lui parlait; ses lèvres avides cherchaient encore cette main charmante qu'elles avaient pressée; elles auraient osé bien davantage; mais il ne m'est pas permis de révéler leur indiscrétion; il suffira de savoir que le sommeil de M. de Terville fut souvent interrompu, et quelquefois bercé par des songes voluptueux.

Le repos du matin répara l'agitation de la nuit. M. de Terville se leva fort tard, et se rendit d'abord au jardin pour admirer un de ces beaux jours d'automne, qui, dans la Virginie, n'annoncent point le deuil de l'année. Les arbres n'y sont jamais entièrement dépouillés de leur feuillage, ni les champs de leur verdure ; la différence des saisons n'est marquée que par une admirable variété de plantes et de fleurs qui viennent successivement embellir ces régions placées sous des cieux faciles, et consacrées à la liberté.

Lorsque M. de Terville fut arrivé sur la terrasse, il tourna ses regards vers York-Town ; qui pourrait exprimer sa surprise et sa joie ? Les drapeaux amis de la France et des États-Unis flottaient avec majesté sur les remparts de cette ville. Ainsi la victoire était restée fidèle à la plus juste cause ; ainsi l'orgueil britannique avait fléchi devant la valeur française et le patriotisme américain. En ce moment, M. de Terville oublia tout pour se souvenir qu'il était militaire et Français. Il se reprochait, comme une faute, les heures oisives qui l'avaient retenu loin de ses frères d'armes. Il revint sur-le-champ à la maison où il était attendu. — Je pars, s'écria-t-il ; Cornwallis a capitulé ! — Tu ne partiras pas sans avoir rompu avec moi le pain de l'amitié ; je te donnerai ensuite un bon cheval et ma bénédiction. Malgré son impatience, M. de Terville accepta l'invitation de son libérateur ; en même temps il jeta les yeux sur la jeune fille, dont le front serein, comme celui des vierges de Raphaël, annonçait l'innocence du cœur.

Le déjeuner fini, M. de Terville prit congé de ses hôtes. — Comment pourrai-je vous prouver ma reconnaissance ? dit-il à Langdon. — Rien de plus facile, ami, répondit le quaker ; dans le métier que tu fais, tu ne penses qu'à tuer des hommes ; songe quelquefois à les secourir ! verse de l'huile et du vin sur les blessures des malheureux ; c'est la charité qui seule peut acquitter les dettes de la charité. — Et vous, ange de bonté, dit l'officier français en s'adressant à Rachel, que puis-je vous offrir ? — Un souvenir, répliqua-t-elle d'un ton calme en lui tendant la main. M. de Terville, ému jusqu'au fond du cœur, saisit cette main chérie, et, toujours impétueux, il osa prendre sur les lèvres de la jeune fille un de ces baisers dont, parmi nous, l'amour seul se réserve le privilége. Aucun sentiment de surprise ou de colère ne se peignit dans les yeux de Rachel; le vieux quaker lui-même n'en fut point étonné. M. de Terville s'éloigna, non sans faire un effort sur lui-même.

Ses amis furent surpris et charmés de le revoir. Son nom se trouvait sur la liste officielle des morts que le général en chef avait adressée au ministre de la guerre.

Heureusement cette inscription prématurée ne tirait pas à conséquence ; mais elle lui inspira une singulière idée. Il avait perdu son père et sa mère, et il ne connaissait d'autres parens qu'un frère et une sœur dont il chérissait le souvenir. Il voulut savoir quel effet la nouvelle de sa mort produirait sur eux, et chargea le lieutenant Duval, un de ses camarades, de se procurer ces informations : ils étaient tous les deux de la même ville, où ils avaient laissé des amis communs.

On s'occupait encore avec ivresse des glorieux résultats de la capitulation de l'armée anglaise ; l'indépendance de l'Amérique venait d'être scellée par un sang généreux ; il n'était plus au pouvoir de la tyrannie de détruire le grand asile des opprimés. Du fond des antiques forêts, du sommet des hautes montagnes, une voix solennelle annonçait au peuple l'avénement de la liberté ;

et sur tous les points de la terre habitée l'esclave frémissait dans ses chaînes et se réveillait à l'espérance.

Cependant les divers corps de l'armée française avaient repris la régularité de la vie militaire. Cette existence parut bientôt monotone à M. de Terville. Il ne se rendait pas encore un compte exact du changement qu'il éprouvait dans son imagination et dans son cœur. Une seule idée occupait l'une, un seul sentiment remplissait l'autre; le bonheur ne lui apparaissait plus que sous les traits de Rachel : il ne négligeait aucun de ses devoirs; mais il se refusait à la joie bruyante de ses compagnons; souvent le besoin de se replier sur lui-même et d'échapper aux ennuis des froides communications sociales, l'entraînait au fond des bois, ou sur cette chaîne d'âpres rochers, redoutable ceinture de la Chésapeak.

Ces excursions solitaires exaltaient sa

pensée; il perdait peu à peu le goût des vaines distractions; il s'interrogeait quelquefois lui-même sur son propre sort, sur l'avenir qui lui était réservé ; et ses réflexions le ramenaient toujours au moment fatal où, pour la première fois, ses regards rencontrèrent ceux d'un ange consolateur. Il n'avait jamais observé ailleurs ce calme parfait de l'innocence, cette secrète harmonie entre les sentimens et les affections, qui révèle la paix de l'âme et la présence de la vertu.

Une consolante idée se mêlait à ces rêveries. Rachel lui avait accordé des faveurs dont il était enivré; sans doute elle partageait son amour, et il ne tiendrait qu'à lui d'être heureux. Une fois possesseur d'un pareil trésor, il poursuivrait gaiement sa carrière; Rachel ne balancerait pas à le suivre; il trouverait auprès d'elle le repos et la félicité. L'esprit occupé de ces illusions, il s'éloigne des remparts d'York-Town, et dirige ses pas vers la demeure de sa bien-aimée. Il était trois heures de l'après-midi lorsque M. de Terville arriva près du jardin où il avait éprouvé de si vives émotions. Une porte était ouverte; il entre, et parcourt les allées avec précipitation. En approchant de la terrasse, il aperçoit la jeune Américaine endormie sur un banc de gazon, que les larges feuilles des catalpas et les touffes épaisses du grand jasmin de la Virginie protégeaient contre les feux du jour. Le sommeil de cette charmante fille était paisible comme celui de l'innocence; sa fraîcheur, les roses de son teint, ses formes pures et gracieuses, offraient tout ce qu'une ardente imagination peut concevoir et désirer pour le bonheur des plus belles heures de la vie. L'officier français se place sans bruit à ses côtés, et se livre à la périlleuse contemplation de tant de charmes; l'air même qu'il respire est voluptueux; de temps à autre les rameaux flexibles du jasmin, légèrement courbés par les vents, laissent échapper leurs fleurs étoilées, qui tombent comme une neige odorante sur les bras, sur le sein demi-voilé, sur la blonde chevelure de la jeune vierge. Tout conspire à irriter les désirs impétueux de M. de Terville ; jamais il ne s'est trouvé dans un danger plus imminent.

S'il avait consulté la prudence, il se serait courageusement éloigné de ce banc de gazon ; mais il y était retenu par une force irrésistible. Enflammé de coupables désirs, il devient le plus audacieux et le plus criminel des hommes. Je passe rapidement sur cette triste catastrophe ; je ne peindrai ni l'effroi ni la douleur amère de Rachel surprise sans défense, et livrée aux outrages d'une passion effrénée. Lorsqu'elle retrouva ses forces, elle s'échappa désespérée des bras du ravisseur. Il veut en vain la suivre, tomber à ses pieds; elle le repousse avec indignation, et lui défend de jamais reparaître à ses yeux.

M. de Terville fut forcé de reprendre tristement la route d'York-Town. « C'est là, m'a-t-il dit souvent, le moment de ma vie dont le souvenir m'est le plus douloureux. Je venais de commettre un acte qui me rendait méprisable à moi-même. Je cédais avec trop de facilité à mes premières impressions. Je vous avoue que près de Rachel j'oubliais le monde entier; je n'aurais pas cru payer trop chèrement, du sacrifice de ma vie, l'instant d'ivresse qui devait être suivi d'un si profond repentir. »

Depuis ce jour, M. de Terville n'osait plus se livrer à son penchant pour la retraite; il était mal avec lui-même, et résolut de rentrer dans le cercle de ses anciennes occupations. On le vit de nouveau s'associer aux parties de plaisir, aux jeux, aux fêtes qui charmaient les loisirs de ses frères d'armes. Il cherchait dans le tourbillon de la société l'oubli de sa faute; il ne put l'y trouver. L'image de la malheureuse Rachel s'attachait à ses pas, et le poursuivait dans ses songes; il devint sombre et triste comme un criminel que poursuit la colère céleste. Plusieurs mois s'écoulèrent de la sorte, lorsqu'un jour l'officier qu'il avait chargé de prendre des informations sur sa famille vint lui communiquer des lettres récemment arrivées de France.

Il apprit, avec une surprise mêlée de regrets, que la nouvelle de sa mort avait été reçue avec indifférence par ce frère et cette sœur dont il gardait un si tendre souvenir. Leur attention s'était portée sur ses dépouilles, dont le partage excitait entre eux de vifs débats; on croyait même qu'ils auraient recours aux tribunaux pour régler leurs prétentions respectives. Personne n'avait versé de larmes sur la fin prématurée du capitaine de Terville, excepté Marguerite, vieille paysanne qui avait soigné son enfance, et qui, malgré sa pauvreté, avait fait dire une messe pour le repos de son âme.

M. de Terville, indigné de ces détails, écrivit sur-le-champ à son frère et à sa sœur de s'épargner les fatigues d'un procès scandaleux, attendu qu'il était encore au nombre des vivans. Il les remerciait avec ironie des regrets amers que la nouvelle de sa mort leur avait causés, annonçant en même temps qu'il envoyait à un ancien ami les pouvoirs nécessaires pour aliéner son patrimoine, et lui en faire passer la valeur aux États-Unis. Il était aussi question dans cette lettre de la vieille Marguerite, dont le bon cœur méritait et obtint une juste récompense.

Cependant l'idée de Rachel, outragée et

malheureuse, ne sortait pas de sa mémoire. Vingt fois il fut sur le point de se rendre chez le quaker, de solliciter son pardon, et, s'il ne pouvait réussir, d'attenter à sa propre vie. Retenu par je ne sais quel sentiment de fausse honte, il se contenta d'écrire au bon vieillard. Sa lettre, qui exprimait les remords et la douleur, annonçait un sincère repentir, un cœur violemment agité. Il reçut la réponse suivante.

« Tu étais dans un danger extrême, je
» t'ai secouru, je t'ai peut-être sauvé la vie.
» Je ne saurais m'en repentir, puisque j'ai
» rempli un devoir. Je n'exigeais de toi aucune reconnaissance.

» Il est arrivé que tu m'as rendu le mal
» pour le bien; tu m'as frappé au cœur;
» c'est ma fille chérie, l'unique consola-
» tion de ma vieillesse, que tu as choisie
» pour victime. La paix, le bonheur ont
» fui de cet asile où tu as trouvé l'hospita-

» lité et le repos. Mes jours sont pénibles
» et mes nuits douloureuses.

» Je te pardonne, et je prie le ciel de te
» pardonner. Oublie à jamais mon nom et
» celui de ma fille; il n'est pas en ton pou-
» voir de réparer les maux que tu as cau-
» sés. Il est un degré d'infortune que Dieu
» seul peut adoucir.

» Écoute mes derniers conseils. Tu te li-
» vres à la folie des passions; tu seras tou-
» jours malheureux. Reviens à une vie meil-
» leure; offre ton repentir, non à un hom-
» me, mais à celui qui sonde les cœurs et
» qui entend la prière.

» T. Langdon. »

La lecture de cette lettre fut un coup mortel pour M. de Terville. Il n'avait pas encore si bien envisagé toutes les suites de son attentat. Il se trouvait indigne de vivre; et en effet la vie lui devint insupportable.

Entièrement absorbé par une seule idée, une idée fixe, il conçut pour le monde et pour la profession militaire un invincible dégoût. Il obtint du général en chef un congé de plusieurs mois, et dans l'intervalle envoya sa démission au ministre de la guerre.

L'armée française quitta York-Town, mais M. de Terville y continua son séjour. « Tous mes liens sont rompus, dit-il à ses amis; je renonce à la France, où je n'ai plus de famille; je m'attache à cette terre, où l'homme marche librement au milieu de ses égaux, et où il n'est opprimé que par les passions inséparables de l'humanité. Je ne saurais être heureux; du moins je jouirai du bonheur des autres; peut-être pourrai-je essuyer quelques larmes, et me rendre digne de quelque pitié. »

Ses camarades le plaignirent; ils jugeaient depuis long-temps que sa raison était affaiblie; car il n'avait permis à aucun d'eux de lire au fond de son cœur. Tourmenté du désir de revoir encore une fois la fille de son bienfaiteur, il n'osait, comme je l'ai dit, se présenter chez lui; et, pour accomplir son dessein, il résolut de fréquenter les assemblées religieuses des quakers. Le dimanche suivant il se rendit à leur église, après avoir eu soin de se vêtir comme eux. La tête couverte d'un long feutre, il entra avec la foule, et se plaça timidement du côté réservé aux hommes. Le silence le plus profond régnait dans cette assemblée; chacun, recueilli en lui-même, paraissait dégagé de toute pensée terrestre, et uniquement occupé de méditations religieuses. Tout à coup un vieillard se lève; M. de Terville le voit, le reconnaît, et frémit; c'était l'homme qu'il avait si cruellement offensé. Son front était calme, mais on lisait dans ses yeux l'agitation secrète de son cœur. Langdon prit la parole.

« Frères, dit-il, j'ai une déclaration so-
» lennelle à vous faire ; écoutez-moi, se-
» lon notre usage, ensuite vous me juge-
» rez. Au dernier combat qui s'est livré
» sous les murs de notre ville, j'ai retiré du
» champ de carnage un militaire français
» affaibli par ses blessures, et qui était resté
» au nombre des morts. Je l'ai fait trans-
» porter chez moi ; je l'ai réchauffé dans
» mon sein, pratiquant ainsi le premier des
» devoirs qui nous est recommandé par
» notre divin maître, la charité. Les bles-
» sures de cet homme n'étaient point dan-
» gereuses ; la guérison a été prompte ; il
» m'a quitté avec un air de gratitude qui
» semblait annoncer un bon cœur.

» Quelque temps après son départ, il re-
» vient furtivement et s'introduit dans ma
» maison ; j'étais absent. Cet homme, pous-
» sé par l'ennemi de toute vertu, trouve
» ma jeune fille Rachel plongée dans un

» profond sommeil. » (Ici le vieillard s'interrompit pour essuyer quelques larmes qui mouillaient ses paupières.) « Il abuse
» de sa force pour assouvir une passion
» maudite. Le malheureux outrage l'inno-
» cence de celle qui lui avait prodigué les
» soins d'une tendre sœur.

» Je dois le dire, ce ravisseur a reconnu
» l'énormité de son crime ; il en a gémi, il
» a demandé la main de ma fille ; mais nos
» principes nous défendent toute alliance
» avec les hommes qui reconnaissent une
» autre autorité spirituelle que celle de
» Dieu. Fidèle à cette loi, j'ai refusé de
» voir le coupable, et rejeté sa demande.
» Je lui avais déjà pardonné.

» Cependant ma fille Rachel est devenue
» mère sans être épouse ; elle attend, pour
» reparaître au milieu de ses sœurs, la sen-
» tence de la société. Son innocence même
» ne peut la rassurer ; c'est à vous de la ré-

» tablir dans ses droits et dans son hon-
» neur; c'est ici qu'elle doit retrouver des
» amis et des protecteurs. J'ai fini, pro-
» noncez ! »

L'un des anciens de l'assemblée, après avoir consulté ses collègues à voix basse, s'adressa à Langdon, et lui dit : « Nous sa-
» vions tout ; console-toi. Ami, ta fille
» peut entrer. »

A ces mots, Rachel parut avec une modeste assurance, et s'avança du côté des femmes. La pâleur de son teint ajoutait encore à l'expression angélique de ses traits. Ses beaux yeux fixaient avec amour l'enfant qu'elle tenait dans ses bras. Tous les regards étaient tournés vers elle.

Dans ce moment, M. de Terville, incapable de se contenir plus long-temps, s'élance avec impétuosité au milieu de la pacifique assemblée, et tombe aux genoux de Rachel. « Pardonne, s'écrie-t-il, ô la plus

» aimée des femmes! pardonne, ou je
» meurs à tes pieds! » Puis se relevant
d'un air de dignité: « Amis, dit-il, je suis
» l'époux de cette femme, je suis le père
» de cet enfant; qui osera séparer ce que
» Dieu a uni? Vous êtes chrétiens; l'Évan-
» gile, dites-vous, est votre loi; votre re-
» ligion est un culte de paix et de charité;
» elle est aussi la mienne. Mon cœur s'ou-
» vre à la vérité; votre exemple me rend
» à la vertu. »

Un murmure d'approbation circulait dans l'assemblée, et Langdon paraissait vivement ému, lorsque Rachel présenta sa main à son époux, et lui dit en baissant les yeux: « Tu étais aimé. »

D'après une délibération authentique, leur union fut déclarée légitime; ensuite l'on exhorta le nouvel époux à s'instruire dans les doctrines évangéliques, et à se rendre digne de l'adoption qu'il sollicitait.

Voilà de quelle manière M. de Terville, capitaine de cavalerie au service de France, devint quaker. Je l'ai connu à Newport, dans l'état de Rhode-Island, où il est regardé comme l'un des prédicateurs les plus éloquens de la congrégation. Je l'ai entendu prêcher plusieurs fois avec le plus grand plaisir. J'ai même conservé les notes d'un de ses sermons, que je me propose de présenter quelque jour à l'attention des connaisseurs. Comme il y est beaucoup question de charité, et qu'on n'y trouve pas le moindre anathème, il aura du moins le charme de la nouveauté.

A. J.

N°. XVII. — 8 *mars* 1824.

DIX-SEPTIÈME LETTRE.

L'ASSEMBLÉE DE FAMILLE.

Honourable iniquity.
SHAKSPEARE.
L'immoralité se parant de formes honnêtes.

LES êtres les plus vicieux soumettent leurs transactions aux règles établies; les formes de la justice sociale sont invoquées par les brigands des forêts, et le besoin de l'ordre est senti si universellement, que ceux même qui l'outragent avec le plus d'impudence, s'autorisent de ses préceptes et se parent de ses couleurs. Il existe, au sein de la dépravation même, un simulacre d'honneur et de décence qui la rend plus odieuse encore.

Vous ne vous doutez sûrement pas, mon ami, où vont me conduire ces réflexions d'une morale sévère, que Marcus Tullius Cicéron avait faites avant moi : je me plais quelquefois, comme Montaigne, *à dévider ma pensée.*

Il vous importe peu de savoir, au juste, quelle suite d'affaire contentieuse m'amena, il y a quelques jours, chez la veuve d'un huissier-priseur où j'espérais trouver un procès verbal que j'avais besoin de consulter : j'écarte toutes les circonstances étrangères au récit principal, et je monte au quatrième étage d'une maison délabrée, chez la dame veuve Nozaguet, que je n'avais pas vue depuis la mort de son mari, c'est-à-dire, depuis une vingtaine d'années.

Elle m'accueille avec prévenance ; et tandis qu'elle me raconte longuement tous les malheurs qui l'ont accablée depuis la mort de son mari, et qu'elle a, dit-elle, surmontés avec beaucoup de courage, je parcourus avec surprise un appartement orné, ou plutôt embarrassé des objets les plus confus et les plus disparates. Tous les goûts, et toutes les occupations semblaient y avoir laissé des traces. Le barège en écharpe couvrait les touches poudreuses d'un piano d'Érard, dont les pédales étaient brisées. Sur la cheminée et sur les encoignures plusieurs fioles qui contenaient des liqueurs de nuances différentes semblaient annoncer un laboratoire de chimie ; les débris du repas de la veille se mêlaient sur la même table aux rubans et aux fleurs fraîchement sortis du magasin de Nourtier.

Notre conversation fut plusieurs fois interrompue par l'arrivée successive de quelques personnes dont les figures triviales et les airs bassement affectés ne me prévenaient pas du tout en leur faveur. Ne faites pas attention, me dit madame Nozaguet; nous avons aujourd'hui une assemblée de famille; ces messieurs et ces dames sont mes parens. Comme j'avais répété ce mot d'assemblée de famille, avec l'accent de la curiosité: « Oui, continua-t-elle, il s'agit de l'établissement de ma nièce Eulalie que j'ai l'honneur de vous présenter. »

Je saluai mademoiselle Eulalie, jeune personne de vingt ans environ, d'une tournure plus leste que naturelle, et plus vive que modeste. Ses grands yeux noirs, je ne sais quel abandon, quelle *desinvoltura*, comme disent les Italiens, semblaient justifier le soin que prenait l'assemblée de parens. Je voulais me retirer: Vous ne nous gênerez pas, me dit madame Nozaguet; tous les papiers de mon premier mari se trouvent dans la pièce voisine. Je ne savais pas que la dame fût remariée, et peut-être n'en était-elle pas bien sûre elle-même ; car un moment auparavant elle m'avait parlé de sa position, comme étant celle d'une veuve : quoi qu'il en soit, j'acceptai la proposition qu'elle me fit de la suivre dans un cabinet voisin, et d'y compulser les vieux dossiers, où je pouvais trouver la pièce dont j'avais besoin.

Je me mis à l'œuvre, et madame Nozaguet rentra dans le salon. La curiosité n'a jamais été mon défaut ; mais la porte était restée ouverte ; et, à moins de me boucher les oreilles, force me fut d'assister aux débats de l'assemblée de famille : je n'en perdis pas un mot : « Pardieu (s'écria un des parens, d'un ton qui semblait accoutumé à soutenir l'*ut* des chœurs de l'opéra), Mylord se fait bien attendre! — Si vous m'en croyez, cousine Nozaguet, interrompit une voix ai-

grelette, vous exigerez du mylord un trousseau bien conditionné; c'est un point que je n'ai point oublié, la première fois que j'ai placé ma petite Virginie. — Tout cela est bel et bon, reprit la basse-taille ; mais êtes-vous bien sûr de votre mylord Daudin? comme vous l'appelez. — Dandy, mon neveu. — Dandy, soit; en êtes-vous bien sûr ? — Comme de moi-même, répondit Eulalie, en continuant à fredonner l'air *di tanti palpiti*, arrangé en walsc. — Il l'adore, continua la tante : d'ailleurs, on assure qu'il a 80 mille guinées de revenus ; rabattons-en les trois quarts, comme c'est d'usage ; les 24 mille francs de rente qu'il assure à Eulalie, ne sont certainement pas au-dessus de ses moyens.— Je suis payée pour n'avoir pas de foi aux rentes, interrompit une autre voix de femme; et, à votre place, j'exigerais le remboursement du capital....»
Le bruit d'une voiture, qui s'arrêtait à la

porte, mit un terme à la discussion sur la rente.... Mylord entra.

Tous les parens se levèrent, et la jeune danseuse (car l'adresse d'une lettre qui venait de me tomber sous la main ne permettait plus de me méprendre sur la profession de la jeune personne et sur l'espèce d'engagement qu'elle allait contracter) la jeune danseuse courut au-devant de mylord Dandy.

« Bonjour, » dit-il, avec cette prononciation traînante et saccadée d'un riverain de la Tamise; « comment portez vous, mon cher cœur ? je vous offert le mien avec dix mille livres par an ; cela été convenu. »

— » Dix mille livres... sterling, reprit la tante.....

— » Sterling... *No, no*. By god ! il serait cher par trop le amour ! cela peut pas, cela peut pas.

— » Eh bien ! dit Eulalie, avec une modestie charmante, si monsieur a de l'attachement pour moi...

— » Goddem, si jé avé ! — Il faut laisser à sa délicatesse... — Ma délicatesse, il était donc douze mille francs pour le dernier mot, et je entretené la voiture, lé logement, et lé petite toilette de fantaisie. »

On discuta ensuite l'article du trousseau : chaque observation de cette digne assemblée de famille avait redoublé ma colère ; je ne pus me contenir plus long-temps, et j'éclatai en entrant dans le salon.

« Eh quoi ! mylord, dis-je à l'Anglais, dans sa propre langue : *How do you not feel the deepest disgust for such a vile transaction? How can you throw such a shame upon your rank and name? How can you expect any pleasure, any love from the mercenary kiss of this thoughtless being? How can you allow her family to make her an object of trafic and ratify this ignoble speculation ?*

» Mais vous, madame, continuai-je en m'adressant à la tante, de quels termes dois-je me servir avec vous, et de quelle épithète qualifier la scène dont vous n'avez pas eu honte de me rendre témoin? »

La dame, qui s'était remise du trouble où l'avait jetée ma violente apostrophe, ne manqua pas de trouver pour excuses à sa conduite tous ces accommodemens avec le vice dont la haute société lui fournissait l'exemple : car l'ignominie a sa rhétorique, et ce bel art pourrait bien, en dernier résultat, n'être que celui de blanchir le vice et de décorer l'infamie.

Je ne voulus écouter ni ses vaines excuses, ni la burlesque *apologie* de l'Anglais, ni les excellentes plaisanteries de la demoiselle, et je sortis de cette maison rempli de haine pour les institutions qui contraignent au vice des professions tout entières en condamnant au mépris ceux qui les exercent. En y réfléchissant bien, mon ami, vous plaindrez plus encore que vous ne blâmerez cette classe aimable de femmes, que l'on s'obstine à tenir en dehors de la société, et vous placerez mon petit tableau à côté de cette peinture des mœurs des Bayadères, que le hollandais Haffner a retracées dans son excellent *Voyage aux Indes.* E. J.

N°. XVIII. — 11 *mars* 1824.

DIX-HUITIÈME LETTRE.

DIALOGUE ENTRE DEUX INSULAIRES.

Nam si violandum est jus, regnandi gratiâ violandum est.

Suétone. *Maxime de Jules César.*

S'il faut tout violer, c'est pour se faire roi.

Vous aimez, m'avez-vous dit quelquefois, les dialogues des morts ; c'est une manière inoffensive de donner de bonnes leçons aux vivans. Mais il est difficile de réussir après Fénélon, Littleton et même Fontenelle. Celui que je vous envoie, est une conférence entre deux Insulaires, dont l'un remplit encore le monde de sa renommée. Chacun le juge d'après ses affections et ses lumières : c'est un plaisir qu'on peut se permettre ; mais le jugement définitif appartient à la postérité.

NAPOLÉON.

Nous sommes partis à peu près du même point ; mais vous ne vous êtes pas élevé aussi haut que moi : j'ai laissé le monde plein d'inneffaçables souvenirs. Les vieux échos des Pyramides ont répété mon nom : il a retenti sous la hutte du Kalmouck, sous la tente du Bédouin, comme dans le palais des rois. J'ai secoué le monde jusque dans ses fondemens ; j'ai rassasié mes peuples de gloire ; et malheur à l'historien qui se rangera parmi mes détracteurs [1] !

[1] Voyez le *Mémorial de Sainte-Hélène*, par M. de Las-Cases.

CROMWELL.

Pour moi, j'ai lutté avec le Seigneur; j'ai été entre ses mains ce qu'est le vase d'argile entre les mains du potier. C'est au Seigneur qu'appartient toute grandeur et toute gloire.

NAPOLÉON.

Que votre altesse renonce à ce jargon de puritain qui depuis long-temps n'a plus de sens même en Écosse. Causons raisonnablement ensemble. Je suis curieux de savoir si vous étiez fanatique de bonne foi; les hommes ne sont point d'accord sur ce point.

CROMWELL.

Vous me faites-là une singulière question. Depuis quand des personnages tels que nous révèlent-ils le secret de leur pensée ?

NAPOLÉON.

Songez où nous sommes. Ici, la politique n'a plus de but, ni la dissimulation de motif ; nous n'avons aucun intérêt à nous tromper réciproquement. Faisons une confession générale ; cela pourra rompre l'uniformité des heures dans ce triste séjour.

CROMWELL.

On ne fait de grandes choses qu'à l'aide du fanatisme ; et il faut l'avoir éprouvé soi-même pour bien parler son langage, et s'en servir avec succès. Avant de m'asseoir dans le palais de White-Hall, je devais être, et j'étais, comme les autres, subjugué par l'esprit dominant de l'époque où je vivais. Mon imagination s'était enflammée à la lecture des livres hébreux ; je voyais réellement dans la cour de Rome la prostituée de Babylone ; je ne reconnaissais d'autre souverain que l'éternel Jéhovah : l'Évangile était la règle non de notre conduite, mais de nos opinions. L'égalité entre les hommes était notre dogme favori; toute hiérarchie nous faisait horreur; affecter la suprématie dans la république des fidèles nous paraissait un sacrilége. Ainsi, nous avions fait de notre cause celle de Dieu même; on va loin avec un pareil auxiliaire.

NAPOLÉON.

Eh bien, je fais le même aveu. J'ai été républicain avec violence; aussi cela n'a pas duré.

CROMWELL.

Tant pis pour vous! Vous deviez le paraître quand vous avez cessé de l'être. Il est dangereux, dans la position où nous nous sommes trouvés, de rejeter ou de briser l'instrument qui a servi à notre élévation. C'est notre levier dans la fortune; c'est notre ressource dans le malheur. Il est vrai que lorsque les événemens eurent agrandi mes vues, que des premiers succès eurent préparé l'avenir, le fanatisme céda la place à l'ambition; mais ce ne fut que par degrés, et je me gardai bien de changer de langage; même en montant sur le trône de Charles Ier., je disais encore, au moins publiquement : « *Je cherche le Seigneur.* »

NAPOLÉON.

Nos situations étaient différentes: vos puritains, vos indépendans, même vos presbytériens étaient fanatiques de conviction; mais je m'aperçus bientôt que mes compatriotes n'étaient républicains que de nom. Le seul parti qui voulait sérieusement la république avait disparu; le peuple manquait de l'éducation convenable pour cette sorte de gouvernement; les hommes l'occupaient plus que les choses; pas assez instruit pour être libre; trop vain pour une domination vulgaire; raisonnable à quelques égards, mais en général dévoré par le feu de son imagination, pour être maître de lui, je voulus le rendre maître de l'Europe ; je voulus que ma grandeur fût la sienne, qu'il s'admirât en moi, qu'il ne trouvât au monde rien de plus merveilleux que la France et Napoléon.

CROMWELL.

Ce peu de mots me suffit pour expliquer vos triomphes et vos revers. Vous étiez vous-même un homme d'imagination, et vous avez dû souvent sacrifier la réalité à l'éclat. Quant à moi, une fois échappé du monde mystique, je me trouvai tout entier dans le monde réel ; je mesurai, je connus mes forces ; je vis jusqu'où je pouvais aller, et je n'allai pas plus loin ; j'aurais pu ceindre le diadème, car tout fléchissait sous le joug ; mais que m'importait le vain titre de roi ! Je me fis protecteur. On connaissait les bornes de l'autorité royale ; on ignorait où finissaient celles du protectorat.

J'exerçai sans contradiction un pouvoir sans limites, et je ne suis pas mort dans l'exil.

NAPOLÉON.

Ces derniers mots ont l'air d'un reproche. Songez à ce que nous avons été tous les deux, moi sur le continent, avec l'Europe en face ; vous, confiné dans une île, n'ayant à combattre qu'un parti déjà vaincu par l'anarchie. L'Europe a tremblé devant moi ; j'ai disposé des trônes ; mes victoires ont immortalisé d'obscurs villages, des fleuves qui semblaient destinés à un éternel oubli ; j'ai eu des rois pour courtisans ; j'ai mêlé mon sang de Corse à celui d'une des plus illustres familles qui ait jamais porté un sceptre héréditaire. La première nation du monde m'a nommé dans ses prières ; elle a subi la loi que je lui imposais : qu'importe après cela où l'on rende le dernier soupir?..

CROMWELL.

Je ne prétends pas que les journées de Naseby, de Dumbar, de Worcester, puissent être comparées à celles de Marengo, d'Austerlitz et de la Moscowa ; mais j'ai eu aussi quelque audace, et les adulations royales n'ont pas manqué à mon pouvoir. Tous les monarques de l'Europe qui avaient négligé l'alliance de l'Angleterre sous les derniers Stuarts, la sollicitèrent avec ardeur de celui qui avait envoyé un roi à l'échafaud. L'Espagne m'offrit Calais, la France Dunkerque, je préférai l'alliance de Louis XIV, qui dans ses lettres m'appelait du nom de frère. Ce ne fut point par vanité, mais par un intérêt politique. Je voulais enlever le Mexique à l'Espagne ; je réussis seulement à lui ravir la Jamaïque. Cette conquête était solide et nous l'avons gardée. Le point essentiel, pour se faire pardonner un pouvoir élevé sur la liberté des peuples, c'est de rendre son pays assez puissant pour que plusieurs générations n'aient pas à craindre de se voir le jouet de l'étranger.

NAPOLÉON.

A quelle époque avez-vous fait de cett maxime une règle de conduite ?

CROMWELL.

Je ne l'avais pas précisément adoptée; mais sans cesse une sorte d'inspiration me la révélait; en dérangeant les habitudes de mes compatriotes, en remuant fortement leur énergique caractère, je les avertissais qu'ils pouvaient être un peuple libre, et ils ont retenu quelques-unes de mes leçons. Mon acte de navigation, dont j'étais loin, je l'avoue, de prévoir les conséquences, leur apprit toutes les routes de l'Océan; mon règne a été leur point de départ pour arriver au degré de puissance où ils sont parvenus. Mais, vous, songez en quel état vous avez laissé la France !

NAPOLÉON.

Ne jugez pas trop légèrement ; laissez s'accomplir les destinées ! Ce n'est pas un seul peuple que j'ai agité, c'est le monde entier. J'ai commis la grande faute de me séparer des nations ; mais le mouvement que je leur ai donné subsiste encore. Une nouvelle organisation sociale marchait avec la conquête ; l'industrie et la civilisation accompagnaient mes armes ; elles ont laissé une empreinte indestructible sur les rives du Nil, du Niémen, comme sur celles du Tage ; la Grèce leur devra sa liberté, le Nouveau-Monde son indépendance. Vous étiez à l'aise dans votre île ; pour moi j'étouffais en Europe ; et, dans ma pensée victorieuse, j'arrivais jusqu'aux bords du Gange. Ce ne sont pas les hommes qui m'ont arrêté; il a fallu qu'un ciel impitoyable s'armât de toutes ses rigueurs; le siècle des révolutions n'était pas encore terminé.

CROMWELL.

Vous séparer des nations de l'Europe était sans doute une grande faute; mais vous séparer du peuple français était de toutes les fautes la plus dangereuse. Vous n'aviez plus qu'une armée, et deux fois vous l'avez éprouvé dans l'adverse fortune.

NAPOLÉON.

Dans le vaste plan que j'avais conçu il me fallait de l'obéissance; il me semblait que les destinées de la nation reposaient sur ma tête, qu'elle en était convaincue, et qu'elle regarderait comme un suicide l'abandon d'un chef tel que moi. Quels trésors de gloire et de prospérités n'avais-je pas accumulés pour elle et ma dynastie!

CROMWELL.

L'avenir ne touche guère ceux que le présent accable : vous deviez tout à la fortune ; elle seule pouvait vous maintenir.

NAPOLÉON.

J'ai été trahi.

CROMWELL.

Sans la trahison de la fortune vous n'auriez pas éprouvé celle des hommes. J'étais aussi environné de traîtres ; mais comme nul revers n'a ébranlé mon pouvoir, je n'ai trouvé que de fidèles serviteurs. Mais, dites-moi, ne vous reprochez-vous pas d'avoir trop aimé la guerre ?

NAPOLÉON.

Je l'aimais trop sans doute : les sensations du champ de bataille réveillaient toutes mes facultés, et me faisaient sentir vivement une vie qu'assoupissait l'intolérable ennui des cours et la fatigue des adulations. La guerre faisait partie de mon système ; il me semblait que chaque victoire reculait d'un siècle l'existence de ma dynastie et lui donnait toute la force des souvenirs historiques et d'une antique illustration. Les rois vulgaires comptent par générations, je voulais compter par victoires ; et cette dernière supputation me paraissait au moins l'équivalent de la première. J'avais inscrit mes titres sur les pyramides des Pharaons, sur les remparts de Vienne, sur les débris du Kremlin....

CROMWELL.

Il vous a manqué de les graver sur la tour de Londres.

NAPOLÉON.

Vos compatriotes, sauf quelques exceptions, ne m'ont pas compris. S'ils l'avaient voulu, nous aurions partagé le monde. Pour eux, les mers et les îles, pour moi, les continens. La grande révolution que j'ai laissée en route était alors terminée ; le soleil de la civilisation se levait sur tous les peuples et aurait fondu jusqu'aux glaces de la Sibérie. Alors il eût été temps de parler de liberté; mais l'Angleterre a amené le nord sur le midi; elle a voulu me perdre, elle a réussi; mais elle en portera la peine et je serai vengé.

CROMWELL.

Vos idées toujours gigantesques m'étonnent, et sont hors de ma portée. Ce que je n'ignore pas, c'est qu'il faut de l'espace et du temps pour accomplir des projets aussi vastes que les vôtres.

NAPOLÉON.

J'étais pressé.

CROMWELL.

Mauvaise excuse, même pour le génie. Avant de construire il faut jeter les fondemens. Vous étiez comme un arbre superbe dont les magnifiques rameaux s'étendraient au loin dans tout le luxe d'une vigoureuse végétation et qui n'aurait que de faibles racines. Comment pourrait-il résister aux tempêtes?

NAPOLÉON.

A quoi tout cela a-t-il tenu? A la méprise d'un général. O Waterloo! Waterloo!

CROMWELL.

Détrompez-vous! Vous pouviez conserver la France; mais l'Europe était perdue pour vous. Les veines du peuple français étaient épuisées; le secret de vos succès était connu. Vous n'aviez point changé de caractère, et vous vous seriez fait un autre Waterloo.

NAPOLÉON.

J'aurais tourné mes vues vers d'autres objets; j'aurais encouragé les sciences, les arts, la littérature.

CROMWELL.

C'est-à-dire que vous auriez établi les libertés publiques?

NAPOLÉON.

Sans doute.

CROMWELL.

Je n'en crois rien. Il n'y a dans la vie des hommes, quelque supérieurs qu'ils soient, qu'un moment pour les grandes choses. Le vôtre était passé. C'était au retour de Tilsitt que vous pouviez tout faire pour l'intérieur de la France; alors vous pouviez sans crainte déposer un glaive victorieux et fonder sur une base inébranlable la liberté des peuples. Vous ne l'avez pas fait alors; cette gloire ne pouvait plus vous appartenir.

NAPOLÉON.

Peut-être avez-vous raison; mais j'aimerais assez que dans le monde des vivans on pensât et on dît le contraire.

CROMWELL.

On pourra le dire; aucun homme raisonnable ne pourra le penser.

NAPOLÉON.

A quel rang me placez-vous donc?

CROMWELL.

Au rang des hommes de génie qui ont manqué à leur fortune. Si vous aviez associé la force morale à la force matérielle, vous auriez été le bienfaiteur de la France et l'arbitre du monde. Un seul événement de votre vie me prouve que vous ne connaissiez pas votre siècle.

NAPOLÉON.

Quel est, je vous prie, cet événement?

CROMWELL.

Votre couronnement par le chef de l'église de Rome. Il était évident que vous ne connaissiez pas votre terrain. Sorti du peuple, vous agissiez comme si le sang d'une race royale eût coulé dans vos veines. Vous vouliez éblouir; mais l'éblouissement du peuple n'est jamais de longue durée.

NAPOLÉON.

Je voulais me concilier les prêtres.

CROMWELL.

Il valait mieux se concilier les citoyens. Les prêtres ne manquent jamais au pouvoir solidement établi. Il est vrai qu'ils vous ont nommé le nouveau Cyrus ; mais, le lendemain du 30 mars, vous n'étiez plus pour eux que l'Antechrist. Tous les rois et tous les clergés se sont réunis contre vous ; vous avez de nouveau succombé.

NAPOLÉON.

Vous êtes dans l'erreur : j'aurais bien vécu avec les prêtres et les rois ; c'est l'aristocratie européenne, toute-puissante dans les conseils des monarques, qui a voulu obstinément la guerre, et qui m'a défendu le repos. Les rois auraient pardonné à ma fortune ; les aristocraties n'ont pu oublier ni mon origine, ni ma noblesse fondée sur le mérite personnel et choisie dans tous les rangs ; elles ont senti que le règne des parchemins allait passer ; vos Anglais eux-mêmes....

CROMWELL *l'interrompant*.

N'accusez point les Anglais ; leur existence, comme peuple libre, devenait un problème sans les neiges prématurées de la Russie. Votre blocus continental m'a fait frémir, quand la nouvelle en est venue jusqu'ici : c'était entre vous et eux une affaire de vie ou de mort ; permettez-moi d'applaudir à leur infatigable persévérance, je connais mes compatriotes ; prudens, intrépides....

NAPOLÉON *vivement.*

Excellens geôliers. Je les avais vivement attaqués ; mais je les croyais généreux. Abandonné de la fortune, n'ayant plus d'asile sur la terre, je voulais m'asseoir au foyer du peuple britannique. Je fus repoussé, quoique la prière du suppliant soit sacrée ; je me vis traité en captif par vos compatriotes, moi qui m'étais jeté librement entre leurs bras. Transporté au milieu des déserts de l'Océan, sur un rocher stérile, les derniers jours de ma vie ont été la proie d'une lâche vengeance et des plus exquises tortures ; mais le malheur ne m'avait point avili, je vivais dans le passé.

CROMWELL.

N'accusez point les peuples des faiblesses ou des crimes du pouvoir ! je rougirais pour l'Angleterre des tourmens de votre captivité, si je pouvais croire qu'elle les eût approuvés. Mais qu'importe ! Après tout, ni vous, ni moi n'étions faits pour le bonheur. Quand nous nous sommes procuré trop d'émotions fortes, quand nous avons perdu le repos de l'âme, quand des milliers d'hommes se plaignent ou se félicitent de nos grandeurs, ce bruit qui nous flattait nous cause un profond ennui. Alors, il nous faut un sombre asile ; et il est à peu près égal de le trouver au milieu des pompes de Westminster ou des solitudes de Long-Wood.

NAPOLÉON.

Ces pensées sont raisonnables, j'en conviens ; mais je n'y suis pas encore accoutumé ; des souvenirs trop récens m'obsèdent. Ici, nul ne s'attache à ma fortune ; on me regarde tranquillement, on me traite avec indifférence. Ce n'est pas tout ; j'apprends que dans ces capitales, qui ne reverront plus mes aigles, quelques hommes se permettent de raisonner à mon égard comme n'ayant plus rien à attendre. Ils prononcent sur le passé, et disent : « Il est accompli. » Ils ne m'entrevoient plus dans l'avenir, trompant tous leurs calculs, et accablant leur imagination. Il n'est pas jusqu'à leurs princes qui ne se mettent à leur aise ; ils vont et ils viennent ; car je ne suis pas là. On dit même qu'il en est un à qui on parle de lauriers en de certains idiomes, et qui, de temps à autre, fait savoir ses intentions jusque vers le midi ; en vérité, c'est à perdre patience.

CROMWELL.

Vous aurez plus de résignation quand vous aurez séjourné sur nos rivages. Dans ce monde, comme dans l'autre, il faut faire une fin et imiter Candide.

NAPOLÉON.

Quoi ! le puritain Cromwel cite le philosophe Voltaire !

CROMWELL.

Je sais que vous ne l'aimiez pas ; vous aviez de bonnes raisons pour cela. Il doit être détesté de tous ceux qui asservissent ou qui veulent asservir les peuples ; mais, vous avez été maladroit d'avouer votre inimitié. Quant à moi, je me suis réconcilié avec lui depuis que j'ai lu ses ouvrages ; ils m'ont instruit et amusé. D'ailleurs, en sa qualité d'historien, il m'a rendu justice; je lui dois même de la reconnaissance. Ne soyez donc pas surpris que je vous invite à imiter Candide. Si vous m'en croyez, vous demanderez sur ces bords une plate-bande pour cultiver de pâles violettes sous un saule achéronien. Ne nous plaignons pas des hommes. L'empereur Julien aurait plus que nous droit de se plaindre; toutefois il se tait depuis longtemps; nous ne ferions pas mal de suivre son exemple. Entre nous, si les hommes avaient été justes et raisonnables, nous eussions été fort embarrassés. Supposez un peuple sage et libre, qu'aurait-il fait d'un pacificateur de votre caractère ou d'un protecteur comme moi? Avouez que vous auriez pu être mis en surveillance, et je conviendrai que l'exil m'était dû. Nous n'avons rencontré que des hommes nés pour servir, ou d'autres qui, aimant leur patrie, ne savaient ni la préserver, ni la gouverner;

leurs faiblesses ont fait notre gloire, et notre gloire a été souvent un malheur public. De quelles injustices nous plaindrions-nous sans être injustes nous-mêmes ?

A. J.

DIX-NEUVIÈME LETTRE.

LE CHIFFONNIER LITTÉRATEUR.

Nihil legebat quod non excerperet.
PLINE LE JEUNE.
Il ne lisait que ce qu'il avait recueilli.

Depuis quinze ans que je me suis réduit au rôle de spectateur, il n'est pas une classe de la société dont les mœurs et les habitudes ne soient devenues l'objet de mes observations. Je ne fais pas grand cas du talent d'imitation que possédait Vadé, et je ne m'arrête pas de préférence dans les lieux où il passait sa vie ; mais j'aime à les visiter quelquefois, ne fût-ce que pour achever de m'y convaincre qu'il n'y a véritablement entre les hommes d'autre différence que celle qu'établit leur tailleur : déshabillons-les ; sous la pourpre, sous la bure, sous les haillons, nous trouverons les mêmes appétits, les mêmes passions, les mêmes sentimens, les mêmes intérêts. —« Belle découverte, en vérité ! »

A ces mots, par lesquels on répondait à ma pensée, que j'avais sans doute exprimée tout haut en marchant, je m'arrêtai, et je vis à la lueur d'une lanterne placée sur la borne, un pauvre diable occupé à lire un chiffon de papier qu'il venait de ramasser. « Bon homme, lui dis-je, sauriez-vous quelle heure il est, et dans quelle rue nous sommes ? — Il est onze heures ; et vous êtes dans la rue de Richelieu, au coin de la rue de Ménars. — Parbleu, je vous remercie; je m'éloignais de mon chemin; mais encore une question : Vous savez donc lire? — Je le crois bien; c'est mon métier. »

La réponse me parut singulière, et je continuai l'entretien. « Mon ami, je devine votre état à l'instrument que je vois entre vos mains; comment donc se fait-il... —Mon crochet, monsieur, c'est l'instrument de mes études. — Causons ensemble. — Très-volontiers; j'ai du temps à perdre. — Je vous tiendrai compte de celui que je vous dérobe. — Je suis philosophe, et je n'ai besoin de rien. *Omnia mecum porto.* — Comment diable, du latin! — Et même du grec, O φιλωτατε!... — Mais, vous me surprenez beaucoup. — Vous n'êtes pas au bout de vos étonnemens : non-seulement je suis savant comme vous voyez, mais je suis devin; car je vous vois pour la première fois, et je sais qui vous êtes. — Eh bien, voyons; qui suis-je? — A votre démarche, à votre son de voix, à ce manuscrit roulé dont le bout sort de votre poche, je devine que vous êtes un auteur, et conséquemment mon confrère; car je suis homme de lettres, tel que vous me voyez. — Ce qu'il y a de sûr, c'est que vous êtes au-dessus de votre profession; et je connais beaucoup de gens qui n'en peuvent pas dire autant. »

Tout en causant mon homme continuait à ramasser, avec cette dextérité commune aux gens de son métier, des feuillets imprimés qu'il trouvait en assez grand nombre dans un amas de débris de toute espèce; mais il ne les jetait dans sa hotte qu'après les avoir attentivement examinés l'un après l'autre. « Maudit bavard, s'écria-t-il en déchirant en morceaux un de ces feuillets, je te trouverai donc à tous les coins de rue! — A qui en avez-vous? lui dis-je. — Eh, parbleu, à cet ennuyeux écrivailleur, dont les œuvres dépecées remplissent mon magasin, et que les épiciers eux-mêmes refusent de m'acheter à deux sous la livre. — La postérité ne se montrera pas moins dédaigneuse. — Croiriez-vous que dans tout ce fatras je n'ai pas trouvé deux extraits dont je pusse enrichir ma compilation ; car il est temps de vous apprendre que je suis chiffonnier littéraire, pour vous servir : je suis le créateur d'un métier où tous mes élèves ont fait fortune. »

Plus je causais avec cet homme, plus j'étais étonné de sa manie biogénique : en le regardant avec quelque attention à la lueur de sa lanterne et des réverbères, je distinguai un front chauve et proéminent, un nez aquilin très-effilé, et une bouche où se peignaient des habitudes bachiques et une malice innée.

« Comment vous nommez-vous ? lui demandai-je. — André Vergète, pour vous servir.... Vous avez envie de connaître mon histoire, n'est-il pas vrai? Eh bien, vous la saurez, si vous avez le courage de me suivre jusque chez moi. » J'acceptai la partie, et nous voilà cheminant ensemble.

« Mes premiers souvenirs, continua-t-il, datent de la rue Quincampoix; quant à ma naissance elle est si obscure, qu'il ne tient qu'à moi de la croire très-illustre. Je lisais dernièrement une feuille de commentaires tombée sous mon crochet, à la porte de l'Institut; on y prouve que rien n'est plus difficile à démêler que la généalogie des rois d'Égypte; or, puisque la mienne est tout aussi embrouillée, pourquoi ne supposerais-je pas que je descends des rois égyptiens? — Votre nom de Vergète en est la preuve; comment n'y pas reconnaître celui d'*Évergète*, second roi de la dynastie des Ptolémées? — Diable! c'est bon à savoir; et dès ce moment j'ajoute à mon nom l'*E* qui lui manque, et me voilà aussi sûr de mon origine que la plupart des rois mes confrères.

» Quoi qu'il en soit, une vieille marchande de marée qui m'avait pris en affection, sans se douter de l'honneur que je lui faisais en acceptant ses soins, me plaça en qualité d'enfant de chœur chez le vicaire de la paroisse Saint-André-des-Arts; c'est là que je pris ce goût de lecture qui décida de ma vie entière. Ce bon vicaire était sans comparaison l'homme de son temps qui avait, non pas lu, mais parcouru le plus de livres : il ne tenait pas précisément au choix, mais bien à la variété de ses lectures. Pour contenter ce besoin il avait fait faire un pupitre circulaire sur lequel il plaçait une vingtaine de feuillets de différens livres, et le mouvement de rotation imprimé au pupitre lui permettait de les parcourir d'un coup d'œil.

»— Il est probable que l'invention de ce pupitre s'est propagée, et qu'il est à l'usage de cette foule de gens du monde et de prétendus gens de lettres qui prononcent si affirmativement sur les ouvrages anciens et nouveaux dont ils n'ont pas lu dix pages de suite. »

André Vergète m'avait esquissé la première partie de sa vie nocturne, quand nous arrivâmes dans une petite ruelle du faubourg Montmartre.

« Monsieur, me dit-il en s'arrêtant à la porte d'une allée, il y aurait conscience à vous faire monter dans mon galetas; j'aurais peur qu'à votre âge vous n'y arrivassiez pas en vie. » J'insistai pour le suivre. « Dans tous les cas, ajouta-t-il, comme je vous crois en état de grâce, si vous mourez de fatigue en arrivant là-haut, vous serez à moitié chemin du paradis, que je vous souhaite en bon confrère. — Vous avez de l'esprit, maître André. — Je vous crois ; car pourquoi me flatteriez-vous?... » Ouf!... Nous voilà parvenus au septième étage d'une maison dont l'escalier n'avait pas moins de 170 marches. « Du courage, me dit André ; le plus fort est fait. » Je ne concevais pas ce qui pouvait nous rester à faire, puisque nous étions à bout d'escalier.... Mon homme, avec son crochet, souleva une trappe, et fit descendre une échelle, au moyen de laquelle je me hissai dans un vaste grenier divisé en trois chambres par des cloisons de nattes. La première, qui lui servait de magasin, était remplie de morceaux de papiers ; il couchait dans la seconde ; et dans la troisième, qu'il appelait emphatiquement sa bibliothéque, cinquante ou soixante volumes assemblés avec de gros fils, et enveloppés d'affiches de spectacles, étaient rangés sur de vieilles planches suspendues horizontalement par des cordes attachées aux solives.

« Vous voyez, me dit-il, en élevant sa lanterne, les œuvres du prince André Évergète. » J'ouvris le premier volume, composé comme les autres, de feuillets de toutes les dimensions, depuis l'in-4°. jusqu'à l'in-18, et je lus sur le titre : *Les Guenilles littéraires* ou *le Chiffonnier compilateur*.

» Vous voyez l'ouvrage de ma vie, continua-t-il, le trésor posthume que je réserve à mes héritiers; c'est le résidu de la nouvelle littérature germanico-anglico-welchico-gauloise. J'ai trouvé l'art d'y fondre ensemble soixante fragmens de poëmes épiques, douze cents pages de romans, deux cent quarante scènes de tragédies, de comédies et de mélodrames; deux mille couplets de chanson, trois cent soixante pages de citations extraites des discours de toutes les tribunes, quatre cents pages d'histoire de mon grand fournisseur, le tout obscurci par des notes formées d'articles de journaux. »

Je m'amusai à parcourir cette Encyclopédie des sottises, des folies, des platitudes et du mauvais goût de notre siècle, que le *Chiffonnier compilateur* avait si malignement composée des débris de quelques centaines de volumes qui ont eu leur jour de vogue. André Vergète avait établi je ne sais quel malin désordre entre tous ces fragmens : le traité de l'*Absolu*, du Polonais Wronsky, servait d'introduction à la Monarchie de M. de M***; une scène de comédie, de M. de *** était intercalée dans un acte d'une tragédie du même auteur; on lisait de suite, et sans s'apercevoir du passage des vers à la prose, une page du *Renégat* et une page des *Chevaliers de la Table ronde;* un chapitre de l'*Indifférence*, de

M. L..... semblait amener tout naturellement un *Pot-Pouri* de M. D.....

« Je devine, dis-je à André, tout ce qu'il peut y avoir de piquant dans cette compilation amphigourique ; mais une épigramme en soixante volumes est un peu longue : un pareil ouvrage aurait eu besoin d'un système. — Eh, vraiment, c'est par-là que je brille ! Jetez plutôt les yeux sur ma table des matières.... » En effet rien de plus systématique que l'index de ses *Guenilles littéraires* dont il avait formé deux grandes divisions : l'*Absurde*, le *Ridicule*.

Sous le premier titre il a placé les rêveries métaphysiques, la littérature du cauchemar, les théories du brigandage, la délicatesse des espions, la sensibilité des bourreaux, l'enlacement des images incohérentes, l'abus des métaphores inconcevables, le conflit des étoiles, des nuages et des torrens : c'est dans la région de l'*Absurde* que se trouvent naturellement les *nains*, les *pygmées*, les *sorciers*, les *géans*, les *Franckenberg*, les *Ipsiboë*, les *Og*, les *Han*, les *Pouff*, en un mot les monstres de toutes les espèces et de toutes les couleurs.

La classe du *Ridicule* renferme le genre vaporeux, le pathétique affecté, la sensibilité à propos d'une mouche écrasée, la manie d'analyser, la fureur de décrire; dans une autre subdivision, le style génevois, avec ses formes arides et pédantesques, ses forces centrales, ses contre-poids, ses vibrations, son omnipotence et ses raisonnemens algébriques. Il avait placé dans une troisième subdivision de la même catégorie les lieux communs de l'éloquence collégiale; la logo-diarrhée de certains professeurs; la critique banale de certains journalistes; le marivaudage édulcoré des écrivains suivant les cours; les classiques dégoûts des esprits stationnaires; les pointes émoussées, les rébus, les quolibets, l'ironie perpétuelle, en un mot toute l'artillerie petillante et inoffensive de la littérature en vaudeville.

« Mon cher André, lui dis-je, vous avez fait un si bon ouvrage, qu'il vous suffit de l'annoncer pour faire votre fortune. — Ma foi, monsieur, qu'à cela ne tienne; mais je ne vois pas bien.... — C'est pourtant tout simple : vous ferez paraître un *Prospectus* dans lequel vous indiquerez nominativement tous les auteurs qui doivent figurer par lambeaux dans vos *Guenilles littéraires*, en laissant à chacun la liberté de retirer la part qu'il peut avoir dans cette friperie, moyennant le prix d'un exemplaire payé d'avance : il est bien peu de vos coopérateurs forcés qui ne s'empressent, pour éviter cette exposition publique, d'acquitter la petite contribution frappée sur leur amour-propre; et par ce moyen vous écoulerez l'édition d'un ouvrage qui ne paraîtra pas, et que vous aurez vendu à condition de ne pas le mettre au jour. — Parbleu, vous me donnez là une bonne idée, et j'y réfléchirai demain dans ma promenade nocturne. »

Je n'ai pas quitté mon *Chiffonnier compilateur*, sans lui laisser un bon à-compte sur les frais du *Prospectus*.

E. J.

N° XX. — 8 *mai* 1824.

VINGTIÈME LETTRE.

LE CAFÉ PROCOPE.

At genus immortale manet, multosque per annos
Stat fortuna domûs.
VIRGILE.

Cette race est immortelle; sa maison se perpétue pendant une longue suite d'années.

Vous vantez beaucoup, mon cher confrère, la splendeur des cafés qui ornent vos brillans quartiers du Palais-Royal et des boulevarts. Il est vrai que sur la rive gauche de la Seine nous n'avons rien à vous opposer sous le rapport du luxe des glaces et de l'élégance des comptoirs. Vous l'emportez évidemment par la richesse des décorations ; vos dames limonadières ont une renommée à laquelle n'aspirent point celles qui président chez nous à la juste distribution de la brûlante liqueur d'Arabie. Les diadèmes d'émeraudes, les bandeaux de diamans, n'étincèlent point sur leurs fronts modestes ; on ne les voit jamais se draper voluptueusement dans les précieux tissus de l'Inde, et siéger, comme des reines superbes, sur leurs trônes d'acajou : tant d'orgueil ne nous est pas permis. Nos limonadières, attentives à leurs calculs, pendant que le fils ou le mari prête une main utile au service public, se contentent de veiller à l'heureux mélange du punch, à la bonté des glaces et à l'excellence du café. Mais aussi les révolutions nous respectent ; l'éclat de vos maisons publiques est trop souvent passager : plus d'une reine détrônée gémit dans l'obscurité, et soupire avec amertume en se rappelant ses grandeurs d'un jour. Nos cafés ne redoutent point de semblables catastrophes; ils s'ouvrent pendant une longue suite d'années sous les mêmes auspices. *Stat fortuna domûs.*

L'apparence fait tout, dit-on, dans le siècle où nous sommes : cela est vrai jusqu'à un certain point. Il reste encore un certain nombre d'hommes réfléchis qui ne sacrifient point à l'enseigne, qui préfèrent la réalité à un vain éclat. Croiriez-vous que dans notre café Procope, si respectable pour son antiquité, si fécond en souvenirs littéraires, j'ai reconnu plus d'un amateur de votre Chaussée-d'Antin, qui venait, comme en bonne fortune, savourer le café et la glace justement renommés qui s'y distribuent avec une activité et un zèle héréditaires? Voilà ce qu'on appelle un hommage flatteur rendu au mérite.

Notre café Procope a ses vieux titres de noblesse; c'est une des meilleures maisons du faubourg Saint-Germain; mais ce qui arrive rarement aux autres, c'est qu'elle n'a pas dégénéré. Les successeurs de Procope, Dubuisson, Zoppi, le propriétaire actuel, se sont montrés dignes de leur illustration; ils n'ont pas même changé de nom. Un vieil habitué m'a dit seulement que le local avait été agrandi et restauré; qu'on ne reconnaissait plus le banc d'où Piron lançait ses épigrammes, où le chevalier de la Morlière haranguait sa cabale, préparant ainsi la chute ou le succès des ouvrages dramatiques. On ne peut attribuer ces innovations qu'aux envahissemens successifs de la civilisation; mais ce qu'il y a d'important, c'est que le café qu'on y sert a conservé son antique vertu.

Peu de personnes savent que nous devons au café Procope le changement de mœurs qui s'opéra vers la fin du dix-septième siècle. Avant cette époque, les cabarets étaient nombreux ; on s'y rassemblait avec plaisir, et le culte de Bacchus était généralement répandu. Molière, Chapelle, La Fontaine, Racine, Boileau lui-même, allaient au cabaret ; et Dieu sait que d'esprit, d'épigrammes, de joyeuses saillies, animaient la gaieté de ces modestes agapes ; les conversations étaient franches, les idées généreuses comme la liqueur qu'on y buvait à longs traits. Les grands seigneurs eux-mêmes ne dédaignaient pas la guinguette ; et le cabaret de Renard, situé près des Tuileries, était le théâtre des orgies privilégiées. Les mémoires du temps en ont gardé le souvenir.

Enfin Procope vint. En versant du café aux grands seigneurs, aux hommes de lettres, il leur donna un autre point de réunion, et l'on vit disparaître par degrés le goût désordonné des libations bachiques. Cette fève étrangère, et cet homme d'une profession si modeste, ont amené tous les changemens qui se sont faits depuis un siècle dans nos idées, dans nos mœurs et dans notre littérature. Ce n'est pas à la philosophie, c'est au café qu'il faut attribuer le serment du jeu de paume et la prise de la Bastille. Je prépare un grand ouvrage sur ce sujet; il aura pour titre : *De l'influence de Procope sur la révolution française.*

N'oublions pas que c'est aussi dans le même café que la première glace a été présentée au public. Nous devons ce perfectionnement à Dubuisson, successeur immédiat de Procope, et qui n'a pas toute la renommée qu'il mérite; on devrait lui élever une statue au café Tortoni.

Les mœurs des cafés ont aussi subi leurs vicissitudes. On s'y est long-temps occupé de littérature ; on y a disputé sur la grâce, sur le libre arbitre, et la bulle *Unigenitus* ; on y a réglé les destinées de la scène française. Le Théâtre national a été long-temps placé presque en face du café Procope. Il sert aujourd'hui de magasin de papier, et quelques vieux débris de décoration attestent encore sa splendeur primitive. C'est dans ce magasin, aujourd'hui désert, que les chefs-d'œuvre de Voltaire ont été offerts à l'admiration d'un public idolâtre. Ces voûtes silencieuses ont retenti des plus vifs applaudissemens. C'est là que Sémiramis a paru dans sa pompe orientale ; que la tendre Zaïre a soupiré ses douleurs par le doux organe de la Gaussin ; que l'illustre Clairon déchirait les cœurs en faisant parler le désespoir de Mérope ; que la voix puissante de Lekain évoquait les ombres chevaleresques des Tancrède et des Vendôme. Nouvel exemple des vicissitudes humaines et des caprices de la fortune ! le théâtre n'est plus, des empires mêmes ont été renversés et le café Procope subsiste encore.

Vers la fin du dix-huitième siècle les querelles religieuses et littéraires avaient fait place au goût dominant pour les matières politiques ; et l'une des salles du café Procope avait reçu la dénomination de *Chambre des communes*. C'est là qu'on discutait les droits de la couronne et ceux du parlement, qu'on censurait les actes du ministère ; c'était le rendez-vous des frondeurs ; il y avait déjà moins d'esprit et de gaieté.

Aujourd'hui cette maison reçoit habituellement les élèves de droit et ceux de médecine qui peuvent faire la modeste dépense de la tasse de café et du petit verre de liqueur ; on y voit aussi quelques vieux professeurs du pays latin, les gourmets du quartier, les amateurs de la rue de Tournon, les marchands de la rue Dauphine, les habitués du Luxembourg, des artistes, des hommes de lettres et des rédacteurs de journaux. On m'a fait le plaisir de m'y montrer M. l'abbé Feletz, qui m'a paru un journaliste de bonne mine; il a quelque chose de malin dans la physionomie; on serait tenté de croire qu'il ne demande au moka que des inspirations épigrammatiques.

On cause rarement; on lit beaucoup dans ce café. Je m'y trouvais, il y a quelques jours, à côté d'un jeune étudiant qui avait sous son bras un volume de la collection des *Théâtres étrangers*, et dans sa poche un de ces *resumés historiques* qui obtiennent la faveur publique, et dont l'exécution fait honneur aux jeunes écrivains chargés de cet utile travail : « Vous ne voulez pas perdre de temps, lui dis-je, puisque vous portez ainsi des livres sérieux au café. — Vous voyez, me répondit-il, que tous les journaux sont retenus; en attendant que mon tour vienne, je lis quelques pages, et j'en fais mon profit. » Je remarquai, en effet, que toutes les feuilles étaient en lecture ; on les lisait avec avidité; il s'agissait alors des élections. Les personnes qui lisent en remuant les lèvres, qui commencent par le titre et finissent par l'adresse de l'imprimeur, sont le désespoir, le fléau des cafés ; on les nomme les lecteurs éternels. Si l'un d'eux parvient à saisir le premier un *Moniteur*, où se trouve l'ordonnance qui destitue quelque ministre, c'est une désolation, un tourment général. On murmure de dépit; on s'agite d'impatience; mais le lecteur éternel n'en tient compte; il passera, s'il le faut, la journée entière pour achever sa lecture, et ne lâchera prise qu'après avoir prononcé le nom de madame Agasse; deux lecteurs de cette force suffiraient pour ruiner un café.

Les manières, les habitudes des jeunes gens qui fréquentent les lieux publics ont bien changé depuis vingt ans; ils sont devenus sérieux et méditatifs. On sent qu'ils réfléchissent sur les événemens politiques, qu'ils s'occupent des intérêts généraux, et que la marche de l'esprit humain ne leur est pas indifférente. La génération qui s'élève sera moins frivole que celles qui l'ont devancée; elle se forme à l'observation, elle s'habitue à l'appréciation des hommes et des choses, elle sera peut-être moins susceptible d'enthousiasme; mais elle aura une raison plus forte, une volonté plus ferme et moins de mobilité dans le caractère; elle pourra souffrir, mais elle n'oubliera pas.

Avec cette disposition à peu près générale, il est évident que les doctrines raisonnables ne seront jamais anéanties, qu'elles survivront aux attaques de tout genre, et que leur triomphe définitif n'est pas douteux. Les doctrines décréditées se soutiennent, parce qu'elles sont liées à des intérêts matériels; mais quand ceux-ci sont opposés à l'intérêt général, l'époque arrive où ils sont négligés, et les doctrines s'affaiblissent avec eux. La jeunesse actuelle dominera bientôt dans la société où elle portera des lumières et la maturité des jugemens. Sans doute quelques individus pourront se laisser corrompre, prendre un masque hypocrite, et professer des opinions que leur raison repousse ; mais le plus grand nombre restera fidèle à la justice et à la vérité. Voilà la consolation du présent, voilà l'espérance de l'avenir. A. J.

N°. XXI. — 4 *juin* 1824.

VINGT-UNIÈME LETTRE.

LES VISITES DU MATIN.

Gratior et pulchro veniens in corpore virtus.
VIRGILE.
(La vertu s'embellit dans un beau corps.)
Devine si tu peux, et choisis si tu l'oses.

Vous avez beau dire, mon cher confrère, à cinq ou six cents toises l'un de l'autre nous habitons un monde tout-à-fait différent, et vous passeriez en revue toutes les maisons, tous les hôtels, voire même tous les palais de votre quartier, sans pouvoir vous procurer jamais le plaisir que j'ai goûté la semaine dernière chez madame Détreville ; et cependant il n'est question que d'une rencontre de quatre femmes en visite du matin, dans la seule maison où elles pussent se trouver ensemble, et où il me fût permis d'assister invisiblement à leur entretien.

J'étais allé faire mes adieux à madame Détreville, qui doit partir pour les eaux dans quelques jours, et je cherchais à la fortifier dans l'espérance que ce petit voyage dans les Pyrénées achèvera de rétablir sa santé, si chère à tous ses amis. — « C'est-à-dire à quatre ou cinq personnes, interrompit-elle. — Diminuez-en le nombre autant qu'il vous plaira, lui dis-je, pourvu que vous m'y laissiez la première place. — Du moins ne confondrai-je pas vos vœux, mon cher philosophe, avec ceux de mes connaissances. »

Cette distinction entre les amis et les

connaissances fournit à cette femme charmante un sujet de conversation où elle déploya toute la grâce de son esprit et toute la vivacité de ses sentimens.

« Je ne sais pas, continua-t-elle, comment on peut confondre deux mots, dont j'ai lu quelque part une définition qui me paraît si juste, et que je n'ai jamais oubliée : « Une *connaissance* est un être qui vous aborde avec un salut et quelquefois avec un sourire ; qui vous dit du même son de voix, qu'il est *ravi* ou qu'il est au désespoir de la chose la plus insignifiante, en bien ou en mal, qui puisse vous arriver ; qui vous retrouve avec une sorte de plaisir, et vous quitte sans regret ; qui, sans éprouver jamais le besoin de vous revoir, se souvient quelquefois de vous quand vous êtes heureux et bien portant, mais qui vous oublie aussitôt qu'il juge votre maladie ou votre infortune sans ressource ; qui pense à vous après votre mort tout juste le temps qu'il lui faut pour lire votre billet d'enterrement. » Un *ami*, c'est la personne qui adoucit nos chagrins en les partageant, et dont la participation est indispensable à tous nos plaisirs; qui charme nos douleurs et nous rassure dans les dangers d'une grande maladie; qui fait briller pour nous l'espérance et la joie jusque dans l'ombre des cachots; pour qui nos restes sont un objet sacré après notre mort, qui les accompagne en versant des pleurs jusqu'à leur dernier asile; enfin, un ami est celui qui honore notre mémoire et conserve au fond de son cœur notre image et notre souvenir. — Eh bien, madame, en prenant le mot d'*ami* dans toute la rigueur de son acception, vous en comptez beaucoup, j'en suis sûr, même parmi les personnes que vous rangez dans la classe des simples connaissances. — Nous verrons, me dit-elle, avec un sourire dont j'allais lui reprocher le charme mélancolique, lorsqu'un billet qu'elle reçut, et qui lui annonçait la visite de madame Beauverlet, fit prendre à l'entretien une autre direction ; elle désira connaître mon opinion sur les femmes que je voyais habituellement chez elle, et je m'expliquai sur le compte de chacune, avec toute la franchise de mon caractère. — Je vous ai laissé parler sans vous interrompre, me dit-elle, afin de me convaincre une bonne fois que l'homme qui a la prétention de mieux connaître les femmes, parce qu'il a passé la première partie de sa vie à les aimer, et qu'il emploie l'autre à les étudier, n'est guère moins sujet à l'erreur dans les jugemens qu'il en porte, qu'un écolier qui n'en parle encore que sur la foi de Thomas et de Juvénal. Par exemple, vous ne croiriez pas, si je me bornais à vous l'assurer, que vous n'avez pas une seule fois rencontré juste dans l'idée que vous vous faites des quatre femmes que vous voyez le plus habituellement chez moi, sans en excepter madame de Saint-Genest, ma plus intime amie.— Il est vrai que vous aurez de la peine à me faire convenir que je ne sache pas par cœur, et sans y manquer un mot, quatre femmes que je vois tous les jours depuis huit ou dix ans. — Vous étiez là, n'est-il pas vrai? quand vous les avez vues ; c'est avec vous ou devant vous qu'elles s'entretenaient eh bien , apprenez de moi, monsieur l'observateur en défaut, que la présence d'un homme, je dis d'un seul homme, de quelque rang, de quelqu'âge qu'il soit, depuis seize ans jusqu'à quatre-vingt-dix, fût-ce un père, un frère, un valet même, suffit pour dénaturer le caractère d'une femme, pour fausser son langage et pour la rendre méconnaissable à ses propres yeux. — Comment! vous me ferez accroire que madame Beauverlet, par exemple, n'est pas une femme d'une simplicité un peu bourgeoise, uniquement occupée de soins domestiques, et d'un égoïsme à l'épreuve de toute espèce de sensibilité; que votre petite dame Pauline Étournelle n'est pas un modèle de douceur, d'ingénuité, et que son mari ne doit pas dormir en repos sur la foi de l'amour qu'elle a pour lui et de la bonne opinion qu'elle a d'elle-même ; que la marquise d'Orneuil n'est pas tout à la fois une femme à principes et à préjugés, dont les travers de l'esprit ont trompé la vocation du cœur, et à qui il ne manque, pour être une excellente femme, que de croire le sang qui coule dans ses nobles veines exactement de la même nature que celui qui anime sa femme de chambre; que votre amie, la belle comtesse de Saint-Genest... (me permettez-vous de dire toute ma pensée?) n'est pas, quant à ses vertus, sous l'influence immédiate de votre amitié, et quant à ses défauts, sous l'empire de ses passions!

—» Pas un mot de vrai dans tout cela; vous avez aperçu quelques effets, mais vous n'avez pas deviné les causes; je veux vous le faire avouer à vous-même : j'attends ces dames ce matin; vous allez passer dans la bibliothéque, dont la petite porte vitrée vous donne le moyen d'entendre sans être vu tout ce qui se dira dans cette chambre. Vous m'avouerez que, pour un observateur de la femme, une occasion comme celle que je vous présente est une bonne fortune sans exemple. — C'est un service d'ami dont je ne saurais trop vous remercier. — Remarquez, cependant, pour affaiblir votre reconnaissance, ajouta-t-elle en riant, qu'en vous livrant le secret des autres je ne compromets pas le mien; ces dames parleront en toute confiance, mais moi je saurai qu'un homme m'écoute : c'est vous prévenir de ne tirer, soit en bien, soit en mal, aucune conséquence de tout ce que je pourrai dire.

(On entendit quelque bruit dans l'antichambre, et je passai dans la bibliothèque.)

SCÈNES A TIROIR.

SCÈNE PREMIÈRE.

Mme. BEAUVERLET, Mme. DÉTREVILLE.

Mme. BEAUVERLET.

Bonjour, ma chère belle; j'ai appris hier, par mon médecin, que vous partiez pour les eaux, et j'accours sans m'embarrasser de la défense qu'il m'a faite de quitter la chambre avant trois jours.

Mme. DÉTREVILLE.

Vous étiez incommodée? Je ne le savais pas.

Mme. BEAUVERLET.

Une migraine horrible, des attaques de nerfs, que m'a causées le rejet de la loi sur la rente.

Mme. DÉTREVILLE.

Eh, bon Dieu ! quel si grand intérêt prenez-vous à cette mesure de finance ?

Mme. BEAUVERLET.

Quel intérêt? Le mien d'abord, vingt-cinq ou trente mille livres de rente, sans aucune mise de fonds, dont j'avais l'assurance, la promesse d'un titre pour mon mari, et d'une place pour mon fils cadet.

Mme. DÉTREVILLE.

Je n'entends pas bien comment vous vous trouviez mêlée dans une pareille intrigue, vous que je croyais si complétement étrangère à cette manie d'agiotage, à cette fureur d'ambition qui ont depuis quelques mois bouleversé tant de cervelles.

Mme. BEAUVERLET.

Que voulez-vous, ma chère! il faut bien qu'il y ait quelqu'un dans une famille qui s'occupe de l'avenir; mon mari, d'ailleurs le plus honnête homme du monde, ne songe pas qu'il a deux fils et une fille à établir; et quand il a passé sa journée à déplorer le mal qui se fait, à récapituler le bien qu'on pourrait faire, il se croirait déshonoré le lendemain de faire la moindre démarche pour tirer parti des hommes et des circonstances contre lesquels il déclame. Je suis bien forcée de changer de rôle avec lui; et, tandis qu'il compte avec son cuisinier, qu'il règle la dépense de sa maison, je vais à la bourse et chez les ministres. C'est ainsi que j'étais parvenue, en engageant la parole de mon mari, sans qu'il en sût rien, à m'assurer pour ma fille un gendre de qualité, et pour mon fils cadet une bourse à Saint-Acheul, qui lui ouvrait la carrière des honneurs ecclésiastiques ; mais, en rejetant la loi, les pairs ont ruiné l'état, et qui plus est mes espérances.

Mme. DÉTREVILLE.

Je vois, ma chère, que vous voilà réduite à vivre, tant bien que mal, avec vos cent mille livres de rente ; que votre fille épousera le petit avocat qu'elle aime ; que votre fils n'ira pas au séminaire, et que votre mari n'obscurcira pas un nom célèbre dans la science et dans l'industrie, par un titre de comte ou de baron, dont il ne se soucie guère..... Tout cela est fâcheux ; mais convenez qu'il n'y a pas de quoi en mourir.

Mme. BEAUVERLET.

Pardonnez-moi, quand vous saurez que j'abandonnais tous les avantages pécuniaires de l'opération à la famille de notre brave général N***, que j'aime beaucoup, quoiqu'il soit le parent de certain hermite de vos amis que je ne peux pas souffrir.

Mme. DÉTREVILLE, élevant la voix.

Ce pauvre hermite! que vous a-t-il donc fait?

Mme. BEAUVERLET.

Dans une de ses esquisses il a fait le portrait d'une femme qui veut être la maîtresse au logis, et mon mari m'a reconnue.

Mme. DÉTREVILLE.

C'est à votre mari qu'il faut en vouloir, et non pas à l'hermite; comment aurait-il pu vous peindre, il ne vous connaît que d'aujourd'hui?

Mme. BEAUVERLET.

Êtes-vous folle? depuis deux ans, c'est je crois le seul jour que je ne l'aie pas rencontré chez vous.

Mme. DÉTREVILLE.

Il ne suffit pas de se rencontrer pour se voir.

Mme. BEAUVERLET.

Quoi qu'il en soit, le général n'aura point à souffrir de ma rancune contre l'hermite; je vous dirai en secret que nous venons de faire son cautionnement dans une entreprise....

SCÈNE II.

LES MÊMES; Mme. PAULINE ÉTOURNELLE.

PAULINE.

Croiriez-vous, ma chère, que l'idée de votre départ m'a tourmentée toute la nuit? Comment peut-on se décider à quitter Paris au moment de la rentrée de Talma et de mademoiselle Mars ?

Mme. DÉTREVILLE.

Que voulez-vous! ma santé m'est encore plus chère que mes plaisirs.

PAULINE.

C'est singulier... Mais en effet, savez-vous, ma chère, que vous êtes bien changée!... Et puis ce qui m'afflige, c'est que nos médecins n'envoient guère leurs malades aux eaux qu'en désespoir de cause.

Mme. BEAUVERLET, avec colère.

Madame, vous auriez pu nous épargner une aussi triste réflexion.

PAULINE.

Mais, madame, je ne fais que répéter ce que j'entends dire tous les jours...

Mme. BEAUVERLET, à part.

Elle n'en démordra pas!

Mme. DÉTREVILLE, à Mme. Beauverlet.

Ne la grondez pas. (*A Pauline.*) Oui, ma chère Pauline, c'est un mauvais pronostic qu'un voyage aux eaux par ordonnance de médecin ; cependant je ne pense pas qu'il faille encore en tirer une conséquence aussi rigoureuse. Mais parlons de ce qui vous intéresse, de Charles...

PAULINE.

Mon mari?... voilà trois jours que je ne l'ai vu ; il a ses affaires et j'ai mes plaisirs.... Il ne veut pas me sacrifier les unes ; je suis bien, bien résolue de ne pas me priver des autres, ce qui fait que nous ne voyons pas le même monde, que nous nous rencontrons rarement dans les mêmes lieux, et que nous sommes ensemble le moins possible.

Mme. DÉTREVILLE.

Mais sais-tu, mon enfant, que tu prends un petit air bien dégagé pour m'apprendre une aussi mauvaise nouvelle? Comment, vous êtes mariés depuis dix-huit mois, tout au plus ; vous vous aimiez, comme on s'aime à vingt ans, et déjà vous êtes assez étrangers l'un à l'autre pour passer trois jours sous le même toit sans vous voir....! Prends-y garde, Pauline, la légèreté de caractère compromet le bonheur et quelquefois aussi l'honneur d'une jeune femme presqu'autant que l'inconduite.

PAULINE, se levant.

En venant vous faire mes adieux, je ne m'étais pas préparée à entendre un sermon ; je craindrais d'affaiblir mes regrets en prolongeant ma visite ; trouvez bon, ma chère bonne, que je vous quitte plus tôt que je ne l'aurais voulu.... Aussi-bien, ma marchande de modes, mon maître de composition et mon écuyer, m'attendent chez moi ; nous ferons aujourd'hui une partie de cheval, dont vous entendrez parler à Bannières-Luchon.

(Elle sort.)

SCÈNE III.

Mme. DÉTREVILLE, Mme. BEAUVERLET.

Mme. DÉTREVILLE.

Concevez-vous tant d'inconvenance et d'étourderie ?

Mme. BEAUVERLET.

Cela vous surprend ! vous ne savez donc pas ce qui se passe ?

Mme. DÉTREVILLE.

Il ne se passe rien, qu'une chose malheureusement trop commune dans un très-jeune ménage où l'amour seul a voix au conseil : on n'a point compté sur l'ennui d'un éternel tête-à-tête ; sur le repos fatigant d'une paisible possession ; sur les plaintes, sur les reproches, les caprices ; sur le décompte des prévenances et des égards mutuels ; sur la connaissance de quelques défauts intimes que l'habitude révèle ; et chacun cherche de son côté à s'étourdir sur le malheur de sa position.....

SCÈNE IV.

les mêmes ; LA MARQUISE D'ORNEUIL.

LA MARQUISE.

Ma chère madame Détreville, vous avez bien le valet de chambre le plus poli qu'il y ait dans la capitale ; ne m'a-t-il pas ouvert les deux battans de la porte du salon, comme dans un jour d'assemblée,.... à moins pourtant, j'en juge au sourire de madame Beauverlet, qu'il n'ait voulu faire une épigramme sur mon embonpoint.

Mme. DÉTREVILLE.

Vous ne pouvez pas le supposer.

LA MARQUISE.

Je suppose tout de la part de ces gens-là ;

ils sont si insolens ! quand ils ne sont pas si bêtes !..... Eh bien, ma belle, vous partez donc pour Banières..... je vous en félicite ; les eaux, cette année, sont *composées* à merveille : vous y trouverez la duchesse de Hauteville, ma cousine ; la vicomtesse d'Armoise, ma nièce ; la princesse de Walberg, ma parente... Je les ai prévenues de votre arrivée, et je suis certaine que vous recevrez leur visite *en personne* [1].

Mme. DÉTREVILLE.

Je crains bien de ne pouvoir la leur rendre ; je ne verrai personne.

LA MARQUISE.

La princesse, au moins ;... elle est d'une des dix familles chapitrales qui restent en Europe.

[1] Il est d'usage aux eaux de faire des visites par cartes aux personnes qui arrivent ; les mots *en personne*, écrits sur ces cartes, annoncent qu'on a l'intention de se lier avec la personne qui les reçoit.

Mme. DÉTREVILLE.

Y songez-vous, Marquise, moi, la femme d'un maître de forges !

LA MARQUISE.

Dites donc d'un propriétaire de mines : nous avons en Allemagne une foule de grands seigneurs qui exercent sans déroger cette noble industrie. Je vous aurais accompagnée ; mais j'entre de service à la cour le mois prochain, et, toute malade que je suis, vous savez qu'il y a encore tel poste où il faut savoir mourir.

Mme. BEAUVERLET.

Heureusement madame la Marquise n'en est point à lutter entre sa santé et son devoir.

LA MARQUISE.

Je suis plus malade qu'on ne le pense ; mais *noblesse oblige*, comme dit un de mes cousins.

Mme. DÉTREVILLE.

Si elle oblige à être bienfaisante, la vôtre est bien ancienne, et les services que vous rendez journellement.....

LA MARQUISE.

Moi, ma chère, je n'en rends qu'à moi seule ; je soulage des maux dont je suis témoin, parce que je souffre de voir souffrir ; mais il faut bien que j'en convienne : il n'y a de ma part ni bonté ni réflexion, et j'oublierais bientôt qu'il y a des malheureux au monde, si leur vue ne me forçait pas à m'en souvenir.

Mme. DÉTREVILLE.

Avec un si bon cœur, quoi que vous en disiez, comment se fait-il qu'on ne parle à Paris (passez-moi le mot dont on se sert en votre absence) que de votre **cruauté** pour votre fille unique ?

LA MARQUISE.

Parce que le public est un sot et un indiscret, qui se mêle de ce qui ne le regarde pas. Vous sentez bien que je ne me soucie guère de me justifier auprès de lui : avec vous, mon amie, c'est autre chose, et je veux bien vous dire la vérité sur cette affaire. On croit, et l'on va partout répétant que j'immole ma fille au préjugé de la naissance, et que je m'obstine à refuser sa main à l'homme qu'elle aime, parce que cet homme n'est pas noble ; cela est faux : je m'oppose à ce mariage, et je m'y opposerais, dût-il en coûter la vie à ma fille, que j'aime plus que moi-même, non pas seulement parce que cet homme est roturier, ce n'était là qu'une objection, mais parce que ce roturier est un sot, sans autre mérite qu'une assez jolie figure, et que ce sot a huit cent mille livres de rente.

Mme. BEAUVERLET.

Pour le coup voilà un motif de refuser un gendre qui ne se serait pas présenté à ma pensée.

LA MARQUISE.

C'est peut-être pour cela qu'il s'est présenté à la mienne. Madame Détreville va m'entendre. Si l'homme sans nom qui s'avise de prétendre à la main de ma fille s'en était fait un dans les armes, dans les lettres, ou même dans les arts, par sa valeur, son esprit ou ses talens, j'aurais eu quelque peine, mais enfin j'aurais pu me décider à l'accepter pour gendre; je me serais donné à moi-même et aux autres l'excuse honorable de céder à la considération du mérite personnel que j'apprécie ce qu'il vaut à l'époque où nous vivons; mais que je vende à prix d'or le déshonneur de ma famille; que je devienne la belle-mère d'un riche malotru, sans avoir rien à répondre à ceux qui me reprocheront une pareille mésalliance, sinon que cet homme de rien a gagné à la bourse deux ou trois millions d'écus ; ce serait une bassesse insigne à laquelle je ne descendrai jamais.

Mme. DÉTREVILLE.

Je suis loin d'approuver vos préjugés ; mais dans cette occasion je sens que je partagerais toutes vos répugnances, avec d'autant moins de scrupule que le goût de mademoiselle votre fille pour ce petit Crésus ne peut avoir de racines bien profondes....

SCÈNE V.

LES MÊMES ; Mme. DE SAINT-GENEST.

Mme. DE SAINT-GENEST, à Mme. Détreville.

J'arrive un peu tard, ma chère bonne, mais j'avais à terminer quelques dispositions; quand on s'absente pour deux ou trois mois....

Mme. DÉTREVILLE.

Quoi ! vous partez aussi, Caroline ?...

Mme. DE SAINT-GENEST.

Mais sans doute.

Mme. DÉTREVILLE.

Pour Saint-Genest ?

Mme. DE SAINT-GENEST.

Non ; pour les eaux, aujourd'hui même, avec vous. Ne vous étonnez pas, Sophie, ou ces dames vont croire que vous ne comptiez pas sur moi.

Mme. DÉTREVILLE.

Mais, mon amie, je sais et ces dames savent que vous êtes retenue à Paris par des affaires de la plus grande importance, par un procès au gain duquel votre présence est presque indispensable.

Mme. DE SAINT-GENEST.

Peut-être dit-on aussi, et je ne m'en informe guère, qu'un lien plus doux et plus puissant m'y retient encore, mais vous êtes souffrante, vous vous en allez à deux cents lieues; et vous auriez pu croire que je vous laisserais partir seule, que je vous abandonnerais aux soins d'une femme de chambre...? cela ne ressemble ni à vous ni à moi...; mes gens sont en bas qui aident les vôtres à charger la voiture. Ainsi je ne vous causerai aucun retard, et nous partirons quand vous voudrez.

Mme. DÉTREVILLE embrassant tendrement madame de Saint-Genest.

Tout cela pourrait en surprendre une autre. Eh bien, moi, j'en avais si bien le pressentiment, que ce matin, au lieu de trois chevaux de poste pour la diligence, j'en ai commandé six pour la berline.

LA MARQUISE.

Vous serez forcées d'avoir vos femmes avec vous. Si vous voulez, ma chère, je vous prêterai ma voiture de voyage; elle est faite sur le dernier modèle; les gens y ont derrière une place couverte et très-commode.

Mme. DÉTREVILLE.

Mille remercîmens; ma femme de chambre a l'habitude de voyager avec moi; et, si vous voulez que je vous le dise, cette mode anglaise de placer des femmes sur un siége devant ou derrière, avec des laquais, a quelque chose qui me révolte....

Mme. BEAUVERLET bas à madame Détreville.

Dites-moi franchement, est-ce que notre visite un peu longue ne gêne personne ici?

Mme. DÉTREVILLE.

Non pas, que je sache.

Mme. BEAUVERLET, à part.

Vous êtes sûre qu'il n'y a personne dans ce cabinet?

Mme. DÉTREVILLE souriant avec embarras.

On n'y peut entrer que par cette chambre.

Mme. BEAUVERLET, à part en se levant.

Vraiment oui, et pour que la marquise, un peu mal disante de sa nature, n'en fasse pas, ainsi que moi, la réflexion, vous ne serez pas fâchée que je l'emmène, n'est-il pas vrai? (*On tousse dans le cabinet.*) D'ailleurs le jeune homme est enrhumé.

Mme. DÉTREVILLE, riant.

Le petit indiscret.

(On tousse encore, et tout le monde se regarde avec embarras et surprise.)

Mme. DE SAINT-GENEST, en faisant à madame
Détreville un signe d'intelligence.

A propos, ma chère, je vous ai envoyé le relieur pour mettre vos livres en ordre; c'est lui que j'entends, sans doute.

Mme. DÉTREVILLE.

Non, vraiment; vous verrez que c'est quelque curieux impertinent qui s'est glissé là pour nous écouter. Je ne suis pas fâchée de le confondre. (*Allant vers la porte du cabinet.*) Allons, sortez, monsieur, vous êtes découvert..... (*Il sort.*) Voilà le jeune homme.

LA MARQUISE.

Eh! c'est notre bon hermite!

Mme. BEAUVERLET à Mme. Détreville.

Comment, ma chère, vous saviez qu'il était là...., et vous ne nous avez pas prévenues! c'est un véritable guet-apens. Ah ça! monsieur, ne vous avisez pas de répéter ce que vous avez entendu, ou vous aurez le sort de Panthée, je vous en préviens.

Mme. DÉTREVILLE.

Laissez-le dire, mesdames, il vient de se convaincre d'une chose dont il avait l'impertinence de douter; c'est que presque toutes les femmes valent mieux que leur réputation.

É J.

N°. XXII. — 8 *juin* 1824.

VINGT-DEUXIÈME LETTRE.

SUITE DU PRISONNIER DE NEW-YORK [1].

> Les bonnes lois font les bonnes mœurs.
> SAINT-LAMBERT.

Vous m'avez souvent entretenu de ce prisonnier de New-Yorck dont je vous ai raconté l'histoire pendant notre séjour à Sainte-Pélagie. Vous n'étiez pas indifférent à sa destinée ; vous avez admiré comme moi l'influence des bonnes institutions sur

[1] *Voyez* le deuxième volume des *Hermites en prison*.

le caractère de cet homme né avec des passions si vives. Mais je ne vous ai pas dit que depuis mon retour en France, j'avais revu Henry Fitz-Allan. Cette circonstance occupe une place assez remarquable dans mes souvenirs, et peut-être les détails qui suivent vous paraîtront dignes de quelque attention.

Dans l'année 1810, au mois de juin, j'étais à Florence, logé à l'hôtel de Schneider, sur l'une des rives de l'Arno. J'aime la ville de Florence ; sa physionomie triste et sévère offre un contraste plein d'intérêt avec les douceurs de son climat et les sites délicieux dont elle est environnée. Ses palais ont l'aspect de forteresses ; elles attestent les luttes de la puissance plutôt que celles de la liberté. Un calme profond règne dans cette ville qu'agitèrent si vivement autrefois les rivalités ambitieuses et le sombre génie des factions. Les habitans de Florence vivent dans le passé dont l'histoire est gravée sur leurs monumens ; idolâtres des grandes renommées qui ont brillé au milieu d'eux, ils ont réuni tous leurs morts illustres dans un seul temple. On y marche religieusement au milieu des tombeaux ; l'imagination s'exalte aux noms imposans de Michel-Ange, géant des arts, sans modèle, comme sans imitateurs ; de Machiavel qui dévoila les secrets de la tyrannie en indiquant les ressources de la liberté ; de Boccace, disciple de Pétrarque, et digne de son maître ; de Galilée, qui trouva la vérité dans les cieux, et la persécution sur la terre. On demande où est le marbre du Dante, et l'on vous indique un tableau qui lui est consacré. Florence, qui réclame l'héritage d'une si haute gloire poétique, a laissé mourir son poëte dans l'exil.

Je me plaisais à visiter l'église de Sainte-

Croix, embellie de si beaux souvenirs. Ce fut dans une de ces visites que je rencontrai mon ancien ami Fitz-Allan, accompagné d'Hannah et de ses deux enfans. Ce fut un mouvement mutuel de surprise et de joie. — « Je vous croyais, lui dis-je, au milieu des forêts du Nouveau-Monde, et je vous retrouve dans le sanctuaire du génie. Quels motifs assez forts ont pu vous arracher à la vie patriarcale, à la paix, à la liberté. Comment êtes-vous revenu dans cette Europe toujours livrée aux misères de la servitude ? — Mon excellente mère n'est plus, répondit Fitz-Allan ; pour nous distraire d'une profonde douleur, nous avons résolu de voyager quelques années; nous reviendrons ensuite auprès du tombeau de celle qui nous a tant aimés; de ce tombeau qui doit un jour nous réunir. Nous arrivons de votre France où tout est morne, silencieux, et calme comme l'est souvent la nature aux approches de quelque affreuse tempête. Mon cœur y a été déchiré par une funeste aventure; nous nous reverrons, et je vous en ferai le récit. »

« Que pensez-vous de l'Italie, dis-je à mistriss Fitz-Allan? — Je lui trouve l'air d'une reine déchue, répondit Hannah, le diadème est tombé de son front, ses ornemens sont en lambeaux; mais elle conserve encore de la majesté; et c'est ici que je voudrais vivre si je ne préférais les espérances aux souvenirs. Hannah vous a dit toute notre pensée, reprit Fitz-Allan, nous rencontrons en Europe des objets dignes d'admiration; mais ils nous reportent tous vers le passé; c'est l'âge de la vieillesse. L'Amérique est jeune et s'élance vers l'avenir; nous commençons nos destinées, et nous éviterons vos erreurs. — Cela n'est peut-être pas bien sûr, répondis-je en souriant; je crains que vos passions ne soient plus fortes que vos lois. Si vous trompez l'attente des amis de l'humanité, vous serez moins excusables que nous; nous sommes nés dans la barbarie, et votre berceau a été entouré de lumières. »

Ce fut quelques jours après cet entretien que Fitz-Allan me raconta l'événement qui avait laissé dans son âme une si vive impression. Nous nous promenions sur les bords rians de l'Arno, qui traverse la ville de Florence, et qui lui donne quelque ressemblance avec Paris; la chaleur du jour était tombée; une brise légère descendait des Apennins, rafraîchissait l'air de la vallée, et nous apportait le parfum des orangers et des myrtes. Les premiers rayons de la lune se montraient sur le sommet des monts et se réfléchissaient dans les eaux limpides du fleuve. « Quel beau climat, me dit Fitz-Allan, quel ciel admirable; qu'un tel séjour serait enchanteur si la liberté n'en était exilée ; mais n'exprimons point de vains regrets. Plus je considère l'état de la société en Europe, plus je suis convaincu que vos idées de civilisation ne peuvent vous conduire qu'à la barbarie. Vos institutions elles-mêmes sont l'auxiliaire du vice et les instrumens de la corruption. C'est ainsi que j'en ai jugé pendant mon séjour à Paris. »

» Nous étions logés dans la rue de Richelieu, près du Palais-Royal. Chaque jour je visitais les monumens les plus remarquables de cette superbe capitale, devenue le musée de l'Europe. Tout ce qui tient à la perfection des arts a surpassé mes espérances. Nous entendons assez bien la langue française Hannah et moi, pour avoir été charmés de votre théâtre. Le préjugé national ne nous a point empêché de sentir la supériorité de votre scène sur celle dont l'Angleterre est si orgueilleuse. Je ne ferais pas cet aveu à Londres ; je craindrais d'être lapidé. Mais je ne pense pas qu'on puisse offrir aux hommes uns pectacle plus ravissant que celui de vos belles tragédies ; quelle vérité dans les sentimens ! quelle expression chaste et sublime dans le langage ; c'est ce que l'imagination peut concevoir de plus parfait. On dirait que votre théâtre a été conçu dans la vue d'ennoblir la destinée de l'homme, d'inspirer des idées généreuses, et de ranger toutes les âmes sous l'empire de la vertu. Sans doute j'admire le puissant génie de Shakspeare ; il lance fréquemment des traits de flamme, il connaît le cœur de l'homme ; mais son naturel est trop souvent de la trivialité, et son esprit se répand en jeux de mots indignes de la scène tragique. »

— « Savez-vous, lui dis-je, que si vous parliez ainsi, même à Paris, vous passeriez pour un homme d'un esprit étroitement symétrique. On vous reprocherait de vouloir enchaîner le génie, de ne pas sentir tout ce qu'il y a de beau dans le désordre, de mesquin dans la régularité et de charmes dans l'indéfini; on nous a persuadés que l'accumulation des événemens, la multiplicité des caractères, la bizarrerie des pensées, la vulgarité recherchée de l'expression étaient indispensables pour constituer l'œuvre du génie. Nous entrons avec ardeur dans cette route nouvelle, et je puis vous assurer que nous irons aussi loin que nos voisins. Nous sommes presque honteux d'avouer quelque admiration pour Racine et nous abandonnons Voltaire aux dédains de la nouvelle école. »

— « Tant pis pour vous, répliqua Fitz-Allan, j'augure mal d'un peuple qui renonce à l'héritage du génie. Je vous avouerai qu'en voyant de près l'état de votre société j'ai été privé de quelques illusions que la grandeur de votre empire, et les exploits merveilleux de vos guerriers, m'avaient inspirées dans l'éloignement. Vous êtes aujourd'hui courbés sous le sceptre de la gloire; mais ce sceptre est de fer, cette gloire est stérile et dévorante. Elle consomme les générations, sans avantage pour l'avenir. Il n'y a plus d'énergie que dans vos camps; vos fêtes sont monotones et tristes; vous vous accoutumez à la servitude, et je crains que si quelque événement extraordinaire vous ouvre de nouveau les voies de la liberté, vous ne sachiez ni la connaître, ni la défendre; cela signifierait que vous n'en êtes pas dignes, et qu'on aurait raison de vous traiter en esclaves : car toute nation qui supporte l'affront du despotisme peut être un objet de pitié, mais non d'estime. »

— « Vos réflexions sont sévères et affligeantes. Mais tel est le sort des peuples qui sortent avec fureur d'un long régime de servitude. Fatigués de leurs propres excès, ils finissent par se reposer dans le pouvoir absolu. C'est une nouvelle expérience dont ils ont besoin pour sentir de nouveau le prix de la liberté. Mais vous vous trompez sur le caractère des Français. Jamais ils ne supporteront patiemment l'arbitraire, et je suis convaincu qu'aucun gouvernement durable ne pourra s'établir parmi eux, à moins qu'il ne soit fondé sur la justice et sur le droit commun. Mais que pensez-vous de nos institutions civiles ? »

— « Elles me semblent encore bien éloignées de la perfection. Vous savez que dans la république américaine elles sont dirigées vers l'utilité de tous. Chez vous, elles m'ont paru calculées dans le seul intérêt du pouvoir. L'autorité met la main à tout ; vous manquez de cet esprit d'association qui réunit les volontés et les forces individuelles pour obtenir des résultats avantageux à la société toute entière. Aussi, vous n'avez rien à désirer, sous le rapport du faste et de l'ostentation. Vos monumens publics sont superbes; vos académies, vos écoles, n'ont point de rivales en Europe ; mais vos voies publiques sont dangereuses et remplies d'immondices ; un air infect circule dans l'intérieur de votre grande cité; vos hôpitaux qui sont, dit-on, ameliorés, sollicitent de nouvelles améliorations; on s'aperçoit aux cris sauvages de vos vendeurs ambulans que vous sortez à peine de la barbarie; l'aspect des haillons de la misère, et d'une révoltante prostitution révèlent l'insuffisance de vos lois. Enfin, vos maisons de détention ne sont que des repaires dégoûtans où l'homme dépravé se corrompt davantage, où l'innocence elle-même ne peut échapper à la contagion du vice. Cette dernière observation me rappelle un fait remarquable dont j'ai été témoin, et dont je vous ai promis le récit.

» Pendant que j'étais à Paris, je voyais souvent M. Joël Barlow, le célèbre auteur de *la Colombiade*, qui remplissait les fonctions d'ambassadeur des États-Unis auprès du gouvernement français [1]. Il était instruit de mes aventures, et me témoignait un intérêt qui se changea bientôt en amitié. C'est lui qui m'a fait connaître Paris; ses lumières égalent ses vertus; peu d'hommes ont réuni au même degré la solidité de l'esprit aux dons brillans de l'imagination. Il m'annonça un jour qu'il était sur le point de faire une tournée dans vos provinces méridionales, et me proposa de l'accompagner; j'acceptai volontiers cette

[1] M. Barlow, mandé par Napoléon à l'époque de l'expédition de Russie, mourut en Pologne, victime des rigueurs du climat.

proposition amicale; et ce fut dans une des principales villes de cette partie de la France qu'arriva l'événement dont je vais vous parler.

» Nous visitions la maison de détention de cette ville pour apprécier les changemens que ces sortes d'établissemens ont dû éprouver parmi vous, et auxquels je prends un intérêt particulier. Notre inspection finie; au moment où nous franchissions l'enceinte de cette triste demeure, des criminels qui venaient d'être jugés descendaient l'escalier du Palais, sous l'escorte de quelques gendarmes. Nous fûmes forcés de les voir défiler devant nous; quelle fut ma surprise, lorsqu'un de ces hommes s'arrêta tout à coup, en fixant sur moi des regards attentifs. Je le reconnus à l'instant même; c'était un ancien compagnon de ma jeunesse, nommé Lawrence Baxter, que j'avais laissé à Dublin lorsque je quittai cette ville. Il m'appela par mon nom et me dit : « Je viens d'être condamné à mort. Voyez mes chaînes; je n'ai plus d'espoir sur la terre; que j'entende au moins le son d'une voix amie ! ma destinée me paraîtra moins cruelle. » — « Lawrence, lui répondis-je, votre situation m'étonne et m'afflige. Que puis-je faire pour vous dans ce moment solennel ? » — « Vous le saurez bientôt, répliqua-t-il. » A ces mots, le commandant des gendarmes s'approcha de nous et m'avertit qu'un plus long entretien m'était défendu. — « Voilà, lui dis-je, une carte d'adresse; daignez la remettre à ce malheureux; je l'ai connu dans un autre position, je n'aurais jamais pensé qu'il fût né pour l'échafaud. » L'officier m'assura poliment qu'il se chargeait de ma commission; et le sinistre cortége se remit en marche. On fit monter ces criminels enchaînés dans un espèce de long tombereau couvert de tous côtés. Ils entrèrent par une porte de derrière qui fut fermée avec d'énormes verroux assujettis par de forts cadenas. Ils devaient être entassés les uns sur les autres. C'est ainsi qu'on transporte des animaux féroces ; mais l'homme que frappe le glaive vengeur des lois appartient encore à l'humanité. Il y a quelque chose d'ignoble et de cruel dans la manière dont il est traité parmi vous ; on lui doit tous les égards compatibles avec la sureté publique.

» Deux jours après cette triste entrevue, je reçus un billet ainsi conçu : « C'est dans trois jours que je dois subir l'arrêt qui m'a condamné à mort ; je désire que vous assistiez à mon supplice, que vous soyez témoin de mes derniers momens. J'ai besoin de la vue d'un compatriote pour soutenir ma fermeté ; vous serez le dépositaire de mes derniers vœux. Je vous appelle à un funeste rendez-vous; mais je compte sur votre humanité. »

» J'instruisis M. Barlow des liaisons que j'avais eues, en d'autres temps, avec Lawrence Baxter; il savait qu'il appartenait à une famille honorable du comté de Munster en Irlande; je lui communiquai le billet que je venais de recevoir, et il me conseilla d'accéder à sa demande. « Il veut peut-être, me dit-il, vous communiquer quelque secret qui intéresse sa famille. Il paraît résigné à son sort; il ne faut pas risquer de le jeter dans le désespoir. »

» Au jour fixé, je me rendis à la place de l'exécution, avec un ordre du magistrat supérieur de la police, que notre ambassadeur m'avait fait obtenir. Le redoutable échafaud était dressé, et une affluence considérable de spectateurs inondait les rues adjacentes; l'instinct d'une stupide curiosité semblait gravé sur toutes ces physionomies. Je ne distinguais rien dans cette foule immense qui pût faire soupçonner un autre sentiment. A trois heures précises, j'aperçus une voiture entourée de gendarmes ; elle renfermait quatre criminels qui devaient subir le dernier supplice. Ils descendirent avec résolution, et se rangèrent autour de l'échafaud : un vénérable prêtre était à leurs côtés ; et, lorsque le monde entier les abandonnait, que la société les rejetait avec horreur de son sein, la religion, divinité consolatrice, veillait auprès d'eux, s'efforçant d'affaiblir les horreurs du moment suprême. Lawrence Baxter, qui devait être exécuté le premier, me cherchait des yeux ; il m'aperçut, me fit signe d'approcher, et se pencha à l'oreille du prêtre qui me remit un rouleau de papiers ; je le reçus avec un frémissement que je ne pus surmonter. « Adieu, dit-il ; le temps est fini pour moi. — L'éternité commence, dit le prêtre en l'interrompant ; Dieu vous attend, jetez-vous dans ses bras. » Je fermai involontairement les yeux ; mais j'entendis le coup fatal, et ce son lugubre ne sortira plus de ma mémoire. J'allais me retirer lorsqu'un officier de police me demanda les papiers dont j'étais dépositaire, avec l'intention, me dit-il, de les communiquer à un magistrat. Cette formalité me parut raisonnable, et dès le lendemain ils me furent renvoyés.

Ces papiers étaient accompagnés du billet suivant : « Je n'ai pu trouver de place dans la société, et je me suis révolté contre elle. Vous lirez le récit de mes aventures, et peut-être vous m'accorderez un sentiment de commisération. Ces papiers, dont vous pouvez garder une copie, sont adressés à ma sœur qui, je crois, existe encore à Dublin. Elle apprendra par quels degrés je me suis approché de l'échafaud ; elle gémira sur mon sort, et ne m'oubliera pas dans ses prières. Ce funèbre dépôt, je le confie à votre humanité.

» *Signé*, Lawrence Baxter. »

» Voici la copie de cette histoire tragique; elle m'intéresse à plus d'un titre. Supposez que le hasard m'eût amené en France au lieu de me conduire aux États-Unis; peut-être aurais-je éprouvé le sort de Baxter. La différence de nos destinées a probablement tenu à la différence des institutions sociales sous lesquelles nous avons vécu.

Histoire de Lawrence Baxter.

« Je suis né dans la ville de Munster, de parens catholiques qui prirent un soin extrême de mon éducation ; mais j'eus le malheur de les perdre lorsque j'atteignais à peine ma quinzième année. J'avais un oncle à Dublin qui m'appela auprès de lui, et qui me servit de tuteur. Ma sœur, moins âgée que moi, de trois ans, fut placée chez une vieille parente du côté maternel. Je la quittai avec regret; nous nous aimions beaucoup, et je dois à ce sentiment les plus doux souvenirs de mon enfance.

» M. William Baxter, mon oncle, fanatique de sa religion et de l'indépendance de son pays, était lié avec tous les chefs de la conspiration qui avait pour but de délivrer l'Irlande de l'oppression britannique. Il ne lui fut pas difficile de m'inspirer le même sentiment. La faction des *Orangistes* (*Orange-men*) était le sujet perpétuel de nos conversations; et nous ne pensions qu'aux moyens de nous soustraire à sa tyrannie. Les malheurs qui résultèrent de cette disposition des esprits sont assez connus. Le gouvernement anglais, averti par des traîtres, fit arrêter un grand nombre de catholiques; mon oncle fut renfermé dans le château de Dublin, où il est mort. Quant à moi, je parvins à échapper aux perquisitions des Orangistes. J'errai pendant quelques mois sur les côtes de l'Océan, n'ayant d'autre asile que les chaumières de quelques malheureux cultivateurs qui partageaient avec moi leur modique subsistance. De mon côté, je partageais leurs travaux; je gémissais avec eux sur le sort de notre pays; mais ils étaient tellement frappés de terreur qu'ils rejetaient toute idée d'insurrection générale, et que leur haine profonde pour les Anglais n'éclatait que par des vengeances particulières. Les maisons des fermiers protestans étaient souvent exposés à des attaques nocturnes.

» Je rejetai d'abord avec fermeté les propositions qui me furent faites de m'associer à ces expéditions. Peu à peu mon esprit se familiarisa avec les idées de violence et de rapine. J'étais d'ailleurs poussé dans ces voies dangereuses par les exhortations de quelques prêtres catholiques qui m'assurèrent que, dans la situation où se trouvait l'Irlande, la vengeance était un droit légitime; qu'il suffisait de rectifier, par l'intention, les actes de brigandage auxquels nous pouvions nous livrer, et surtout de payer avec une religieuse exactitude la dîme du butin aux saints ministres des autels. La voix de ces fanatiques l'emportait sur celle de leurs confrères, qui, dans un langage plus digne de leur profession, recommandaient la patience dans l'adversité et la soumission aux lois du pays.

» Nos fréquentes excursions avaient répandu l'alarme dans plusieurs provinces. Nous mîmes surtout à contribution le comté d'Antrim. Notre troupe s'élevait à trente hommes vigoureux et bien armés. Un jour, nous résolûmes d'attaquer la maison de

M. Butler, l'un des plus fougueux Orangistes du pays; elle est située dans une vallée solitaire à quelques milles de Londonderry. Nous y arrivâmes à onze heures du soir par un beau clair de lune. Comme M. Butler était depuis long-temps sur ses gardes, il nous reçut avec fermeté; sa petite garnison était composée de six hommes déterminés. Ils firent feu sur nous du haut des fenêtres, et tuèrent plusieurs de nos compagnons. Cette résistance ne servit qu'à nous irriter davantage; et pendant que mes camarades répondaient au feu des Orangistes, je m'armai d'une hache et je brisai avec effort la principale porte de la maison. Nous nous y précipitâmes en foule; mais nous eûmes un autre choc à soutenir sur l'escalier; nos adversaires se défendirent en désespérés, et ce ne fut que lorsque la plupart d'entre eux eurent été tués ou mis hors de combat que les autres se rendirent à discrétion. M. Butler n'avait été que légèrement blessé; j'empêchai difficilement qu'on ne lui donnât la mort ainsi qu'à sa fille aînée, qui se trouvait auprès de lui. La jeunesse, la rare beauté, les larmes de cette jeune fille ne l'auraient point sauvée si je n'eusse déclaré que je la défendrais au péril de ma vie, et que j'abandonnais pour sa rançon la portion du butin qui devait me revenir; ce butin fut considérable. Nous étions déjà remontés à cheval et nous nous disposions à partir, lorsque nous vîmes arriver au galop un fort détachement d'*yeomanry*, ou de milices du pays : quoiqu'affaiblis par la perte de plusieurs hommes, nous soutînmes la charge de l'ennemi avec résolution; il y eut une mêlée terrible; mais la supériorité du nombre devait l'emporter; après une lutte opiniâtre, mes forces étant épuisées, mon cheval abattu, je restai prisonnier avec six de mes compagnons. Nous apprîmes alors qu'un berger du voisinage, reveillé par les premiers coups de feu, s'était enfui, et avait donné l'alarme à la ville voisine; quelques minutes plus tard nous étions sauvés.

» Comme je paraissais le chef de l'expédition, on me jeta tout enchaîné dans une chambre particulière de la maison dont les fenêtres étaient grillées; et une porte massive se ferma sur moi; j'essayai dans l'obscurité de rompre mes liens, mais toutes mes tentatives furent vaines, et je tombai dans un accablement complet. J'entendis un grand bruit et de joyeuses acclamations. Nos vainqueurs célébraient leur victoire, et attendaient le point du jour pour nous conduire en triomphe à Londonderry.

» Le moment critique arriva. A peine le jour paraissait, que la porte de la chambre, où je gisais en proie à de cruelles réflexions, s'ouvrit avec fracas. Trois hommes me saisirent, et je fus placé sur un chariot découvert avec mes camarades d'infortune. J'avais attendu quelques marques d'intérêt de la part de M. Butler, et de miss Jane, sa fille. Mais l'esprit implacable de parti dominait dans le cœur du père. Il ne voyait dans les catholiques irlandais que des esclaves en révolte, indignes de ménagement et de pitié. Miss Jane ne se présenta point à nos yeux, et j'augurai qu'elle partageait l'intolérance et le fanatisme de M. Butler.

» Une affluence considérable de peuple nous attendait aux portes de Londonderry, où la nouvelle de notre capture était arrivée. Nous défilâmes entre deux haies de spectateurs qui nous accablaient d'injures; nous arrivâmes ainsi aux prisons de la ville; où l'on nous déposa dans des cachots séparés. Notre sort était connu d'avance : il n'y avait point d'incertitude. J'étais fatigué de la vie, et je ne craignais pas de mourir.

» Il fut décidé que nous serions conduits à Dublin. Nos bandes étaient devenues si redoutables qu'on voulait nous offrir en spectacle aux habitans de cette ville, et donner à notre supplice une solennité capable d'effrayer les autres révoltés de l'Irlande. La veille de notre départ, à une heure du matin, la porte de mon cachot s'ouvrit; et une main inconnue me remit un billet ainsi conçu. « Ne désespérez pas de votre destinée, la reconnaissance veille sur vous. » Cet incident me surprit. Je me livrai à mille conjectures; enfin, je m'arrêtai à l'idée que M. Butler s'employait en ma faveur; et que, si j'obtenais la liberté, je devrais ce bienfait à sa gratitude. La nuit suivante, précisément à la même heure, je vis entrer dans ma prison cette jeune fille dont j'avais sauvé l'honneur et la vie.

« Nous n'avons point de temps à perdre, me dit miss Jane, suivez-moi. » A ces mots elle détache elle-même les liens qui m'enchaînaient. « Conduisez-nous », dit-elle à un homme qui l'accompagnait, et que je reconnus pour l'un de nos gardiens. Celui-ci nous fit entrer dans un allée sombre et tortueuse, qui aboutissait à une porte secrète dont la clef lui était confiée. Nous sortîmes par cette issue, et après plusieurs détours nous nous trouvâmes hors de la ville. Deux chevaux nous attendaient. « Je viens de remplir un devoir sacré, me dit ma libératrice, mais j'exige de vous un profond secret. La moindre indiscrétion me livrerait à l'indignation de mon père. » J'étais interdit; jamais un son de voix aussi doux n'avait frappé mon oreille; j'éprouvais une vive émotion. « Rendez-vous tous les deux à Belfast, ajouta-t-elle, vous remettrez cette lettre à son adresse; je ne serai tranquille que lorsque je saurai que vous êtes éloignés de notre malheureux pays. « Je lui baisai la main; je crois même qu'une larme coula de mes yeux sur cette main chérie. « J'emporterai, lui dis-je, une image qui ne sortira plus de ma pensée. — Allez, me répondit-elle, et soyez heureux. » Comme elle prononçait ces mots, nous entendîmes du bruit, et nous aperçûmes à quelque distance deux hommes qui accouraient vers nous. Heureusement ils étaient à pied; nous montâmes en toute hâte sur nos chevaux, et nous fûmes bientôt hors de leur portée.

» Mon compagnon connaissait très-bien le pays. Nous prîmes des chemins de traverse qui nous conduisirent dans une épaisse forêt. « Nous allons laisser reposer nos chevaux, me dit mon compagnon de fuite. Il est temps de prendre quelque nourriture. Nous sommes en lieu de sûreté, et nous

n'avons point à craindre les importuns. —
Comment se fait-il, lui dis-je, que vous
ayez exposé votre vie pour sauver la mienne?
A qui dois-je un service si éminent? — Je
me nomme Patrick Fergus, répondit mon
guide, je suis né dans le comté d'Armagh ;
mes parens étaient catholiques ; malheureusement ils moururent avant de m'avoir
établi dans le monde ; je me trouvai, jeune
encore, sans protecteurs et sans fortune. J'essayai de plusieurs professions ; j'ai été tour à
tour matelot, soldat, contrebandier, maqui-
gnon, et sous ces divers états je n'ai éprouvé
que des revers. J'étais parvenu à me glisser
comme gardien dans la prison de Londonderry ; mais ces tristes fonctions ne plai-
saient ni à mes goûts, ni à mon caractère.
Aussi, lorsque miss Jane s'est adressée à
moi en m'offrant une grosse somme d'argent pour vous sauver, elle a eu peu de
peine à vaincre mes scrupules. Il faut qu'elle

ait lu sur ma physionomie que je n'étais pas fait pour être enchaîné aux verroux d'une prison.

» A ces mots je considérai attentivement cette heureuse physionomie, et je fus surpris de mes découvertes. Patrick Fergus avait de petits yeux étincelans, enfoncés dans la tête, et couverts d'épais sourcils qui, à la naisssance du nez, se confondaient l'un avec l'autre. Ce nez, d'une longueur peu commune, était privé d'une narine qui s'était probablement perdue dans les divers accidens où les professions de son maître l'avaient exposée. Ses lèvres, naturellement écartées l'une de l'autre, laissaient voir une rangée de dents qui ressemblaient assez bien à celles d'un dogue de basse cour. Son menton, garni d'une crinière rouge, se relevait sur sa base ; enfin, une taille ramassée, de larges épaules, des bras robustes, complétaient son signalement. « Mon ami, lui dis-je, votre physionomie est en effet très-remarquable; mais apprenez-moi quelles sont vos intentions en m'accompagnant à Belfast. — Je vais d'abord, me répondit-il, remplir la promesse que j'ai faite à miss Jane; ensuite je m'attacherai à vous, si cela vous convient; je vous suivrai dans quelque partie du monde que vous alliez; j'ai entendu parler de vos exploits, et je vous ai pris en amitié. D'ailleurs, nous sommes du même pays, de la même religion; je suis aussi bon qu'un autre pour un coup de main; voilà bien des raisons de ne pas nous séparer. »

» Je crus qu'il était prudent d'accepter sa proposition, et il parut ravi de ma condescendance. Notre repas fini, nous remontâmes à cheval et, en continuant de dérober nos traces, nous parvînmes à gagner Belfast. Nous y entrâmes pendant une nuit assez obscure; mais la ville était bien connue de mon guide. Il me conduisit à la maison désignée par la lettre de miss Jane. Je m'aperçus qu'on nous attendait. Nous fûmes introduits par une jeune fille qui fit un mouvement involontaire de surprise ou d'effroi en envisageant mon fidèle compagnon. On nous mit dans une chambre où deux lits étaient préparés. Je me jetai tout habillé sur l'un de ces lits; et quelle que fût l'agitation de mon esprit, comme j'étais épuisé de fatigue, je ne tardai pas à tomber dans un profond sommeil.

» Le lendemain, un homme remarquable par la gravité de ses manières et la sérénité de ses traits vint nous visiter : c'était M. Palmer, le maître de la maison. Je le pris pour un prêtre catholique déguisé, et mes conjectures se trouvèrent fondées. « Mes enfans, nous dit-il, je croyais que vous partiriez aujourd'hui; mais le vaisseau qui doit vous transporter en France ne pourra mettre à la voile que dans huit jours. Il faut vous résigner à passer ce temps dans la solitude. On aura soin que rien ne vous manque. Cette prison vaut un peu mieux, ajouta-t-il en souriant, que celle d'où vous êtes sortis. On vous cherche de toutes parts avec activité ; mais ici vous n'avez à craindre que l'ennui de la retraite. »

» Je remerciai cet homme obligeant, et j'allai lui faire mille questions, lorsqu'il se retira sans proférer une autre parole ; et, après nous avoir soigneusement renfermés, il emporta la clef de la chambre. Il fallut céder à la nécessité ; les journées me paraissaient d'une longueur démesurée, et mes réflexions ne contribuaient pas à rendre les heures plus légères. Rejeté comme un proscrit, sans ressources, sans appui, par le vice des institutions de mon pays, qu'allais-je devenir dans une contrée étrangère dont la langue, à la vérité, m'était familière, mais dont j'ignorais les usages et les mœurs? Je m'éloignais de miss Jane dont le souvenir ne cessait de me poursuivre. J'éprouvais je ne sais quel sinistre pressentiment d'une effrayante destinée, et la vue de Patrick Fergus était peu propre à calmer mon imagination.

» Celui-ci, insensible à sa position, s'amusait à compter les deux cents livres sterling qu'il avait reçus de ma libératrice. Ses idées n'allaient pas au delà du moment présent. Ses appétits satisfaits, il s'endormait comme les animaux d'une autre espèce, sans souci de l'avenir. Cependant, il ne manquait ni de courage, ni d'activité, ni même d'un certain esprit; mais il fallait qu'un intérêt présent réveillât en lui ces qualités.

» Enfin, le moment de notre départ arriva. Nous devions nous embarquer sur un vaisseau destiné à la contrebande, et qui n'attendait plus que nous pour mettre en mer. Au moment où nous prenions congé de notre hôte, nous vîmes arriver avec étonnement miss Jane Butler. Un frémissement de plaisir courut dans mes veines. « Quoi ! c'est vous, lui dis-je ; quel bonheur que je n'osais espérer ! — Je n'attends plus rien que de vous, me répondit-elle, et je me confie à votre générosité. Les hommes qui vous poursuivaient ont tout découvert ; ils m'ont ramenée au magistrat qui, n'ayant point de preuves légales contre moi, m'a rendu la liberté. Mais mon père, furieux de voir échapper un catholique rebelle, à qui cependant il devait la vie, m'a donné sa malédiction, et m'a chassée de sa présence. J'ai pris sur-le-champ mon parti ; je ne sais si je me suis trompée, mais j'ai cru sentir qu'il existait entre nous deux des liens de sympathie, et que nous devions être heureux ou malheureux ensemble. »

» — Quel que soit le sort qui m'est destiné, lui dis-je, je ne le changerai pas avec vous pour l'avenir d'un monarque. Que rien ne vous arrête; disposez de moi ; ma vie vous est consacrée. Et vous, le plus généreux des hommes! ajoutai-je, en me tournant vers notre hôte, soyez témoin de mes sermens ! — Allez, mes enfans, répliqua M. Palmer, en nous joignant les mains, j'exerce les pouvoirs que je tiens du ciel, et je bénis votre union. Soyez fermes dans votre foi ; et si l'adversité vous poursuit sur la terre, le bonheur ne peut vous manquer dans le ciel. »

» J'appris alors que miss Jane, dont la mère appartenait à une famille catholique, professait secrètement les mêmes doctrines, ce qui l'avait liée avec M. Palmer, l'un des missionnaires les plus actifs de la propagande de Rome.

» Il me serait impossible d'exprimer les délicieuses émotions dont j'étais pénétré dans ce moment solennel. J'enlevais à l'Irlande un de ses plus beaux ornemens. Ma fuite était un triomphe ; et je me félicitais d'une proscription qui me valait un si rare trésor. « Que vous serez aimée, lui dis-je, en la conduisant vers le navire qui nous attendait. — Je l'avais soupçonné, répondit-elle, en s'appuyant sur mon bras ; le ciel nous destinait l'un à l'autre : c'est lui, sans doute, qui a tout conduit. »

» Nous arrivions, comme elle finissait ces paroles dans un lieu écarté, sur le bord de la mer. Nous passâmes difficilement entre deux rochers par une issue qui semblait impénétrable. Lorsque nous eûmes atteint le rivage, M. Palmer fit un signal, et une barque s'approcha de nous. Nous embrassâmes notre vénérable guide, qui ne voulut s'éloigner qu'après nous avoir vus en sûreté et nous avoir donné sa bénédiction.

» Patrick Fergus avait jusqu'alors gardé le silence; il le rompit pour nous dire : « Je vois que nous avons affaire à un *Smuggler* (vaisseau contrebandier) , je serais bien surpris si je ne trouvais à bord quelque vieux loup marin de ma connaissance. » En effet, il se trouva que le contre-maître du vaisseau avait été engagé avec notre honnête compagnon dans plusieurs entreprises contre les intérêts de la douane. Il y eut entre eux une reconnaissance tout-à-fait dramatique. « C'est toi, Patrick, lui dit le contre-maître, en le voyant monter à bord, par ma foi je te croyais pendu. Tu as donc fraudé les droits de la justice, c'est fort bien , ce sera pour une autre occasion; car tu ne prétends pas lui échapper.— Tom est un badin , me dit Patrick; il a toujours le mot pour rire, mais au fond il est bon et solide comme un câble neuf. Nous avons fait ensemble plus d'une caravane, et je vous le garantis un véritable requin. »

» Je laissai ces deux hommes discourir ainsi gracieusement ensemble, pendant qu'on déployait les voiles, et je demandai le capitaine Whitlock, qui nous reçut avec obligeance, et voulut nous céder sa chambre; mais le temps était serein, la nuit étoilée, les rayons de la lune éclairaient les vastes eaux de la mer et les sommets irréguliers des rochers escarpés qui fuyaient devant nous. Ce spectacle attira notre attention. Nous nous assîmes sur le tillac, ma douce compagne et moi. « Je ne reverrai plus ces rivages, dit-elle avec un soupir. Ne trouvez-vous pas qu'il en coûte beaucoup de quitter sa patrie? — Sans doute, lui répondis-je, l'amour de la patrie est un sentiment naturel et puissant;

mais si cette patrie n'est qu'une marâtre impitoyable, la raison nous conseille de chercher ailleurs une terre amie et des cieux hospitaliers. C'est en nous seuls que nous devons trouver le bonheur. — Le bonheur ! s'écria-t-elle, que je crains que notre union ne soit une communauté d'infortune ! — Espérons mieux de la destinée, lui répondis-je ; je ne changerais pas pour tous les biens du monde la tendre émotion que j'éprouve en ce moment auprès de vous. »

» Le capitaine Whitlock vint interrompre notre conversation. C'était un homme d'une cinquantaine d'années, à la voix mâle, au teint brûlé par les vents de mer et le feu des orages; il paraissait au-dessus de sa profession. Ses manières distinguées, la politesse de son langage, annonçaient une bonne éducation. Il nous avoua que son révérend ami, M. Palmer, lui avait appris nos aventures. Il se félicitait de pouvoir nous être utile. « Tel que vous me voyez, dit-il, j'ai brillé dans des cercles choisis; j'ai connu les vanités du monde ; mais j'ai été trompé de toutes les manières. Je croyais à l'amitié, un ami me trahit et m'enleva ma maîtresse; j'avais des richesses, mais des banqueroutes frauduleuses, des procès injustes les ont englouties; j'ai rejeté la terre avec indignation, j'ai demandé à l'Océan un asile et des ressources. Je suis en état de guerre contre l'autorité; ce genre de vie me plaît, et je n'ai plus de sympathie que pour le malheur. »

» Nous voguions heureusement, et en peu de jours nous atteignîmes les côtes de la Normandie. Notre capitaine en connaissait tous les points et nous débarqua près d'un petit village à quelque distance de Dieppe. Tout avait été prévu ; on nous avait préparé des passe-ports, et nous arrivâmes sans obstacle à Paris.

» Je pris un logement dans un hôtel garni de la rue Vivienne. Il suffisait pour nous et pour Patrick Fergus qui s'était lié à notre destinée. Jane était plus tranquille ; elle n'avait emporté du toit paternel que les pierreries que sa mère lui avait laissées à son lit de mort ; mais ces pierreries étaient d'une valeur considérable. Un lapidaire nous en donna quatre mille livres sterling. Mon intention était de faire valoir cette somme, de vivre modestement, de travailler au bonheur d'une femme chérie et d'achever en paix une carrière commencée sous de si funestes auspices. Le sort en décida autrement.

» M. Palmer m'avait remis une lettre pour M. Dickson, Irlandais d'origine, et depuis long-temps établi en France, où il jouissait d'un grand crédit. Il me reçut à bras ouverts, s'informa de l'état de mes affaires, et me promit ses bons offices. Ce fut là la source de tous mes malheurs. Depuis quelque temps, M. Dickson s'était lancé dans les jeux de l'agiotage et avait éprouvé des pertes immenses. On ne soupçonnait pas sa détresse; il tenait un état de maison magnifique; on citait le luxe de ses fêtes, la beauté de ses équipages et la somptuosité de son mobilier. Je ne crus mieux faire que de placer mes fonds entre ses mains.

» Cette opération terminée, je me livrai au genre de vie que j'avais choisi. Jane avait les goûts simples; une promenade aux Tuileries, une excursion à la campagne, une partie de spectacle, la rendaient heureuse. Partout elle était admirée; mais elle fuyait les regards, et concentrait dans un chaste amour toutes ses félicités.

Six mois se passèrent ainsi dans l'union la plus intime. Cependant des bruits sinistres commençaient à circuler. J'appris avec terreur que M. Dickson était sur le point de déclarer sa faillite. Je courus à son logis, je le trouvai seul dans son cabinet, et je lui exprimai mes craintes. « Tranquillisez-vous, me dit-il, voilà des valeurs qui répondent de votre créance; mais j'ai besoin d'être seul. Vous voyez que je ne vous ai pas oublié. » Je pris le portefeuille qu'il me présentait, j'examinai les effets qui me parurent solides et je me retirai avec la joie d'un homme qui vient d'échapper au naufrage.

» On sut deux mois après que M. Dickson avait disparu, il manquait pour plusieurs millions; on l'accusait de manœuvres frauduleuses; mais je n'avais point de raisons de lui adresser des reproches, et je me renfermai à son égard dans un silence absolu.

» Quelques jours après cette catastrophe, je présentai à l'escompte une des lettres de change que j'avais reçues de M. Dickson. La somme me fut remise et je revins tranquillement auprès de Jane qui avait partagé mes alarmes, et qui jouissait de ma sécurité.

» Le lendemain, à cinq heures du matin, je fus réveillé par Patrick Fergus, qui m'annonça qu'on frappait à la porte de notre appartement. Je lui ordonnai d'ouvrir. Plusieurs hommes se précipitèrent dans ma chambre ; ils étaient conduits par un commissaire de police qui me signifia l'ordre de mon arrestation. Je me levai sur-le-champ et m'habillai. On me représenta la lettre de change que j'avais mise, la veille, en circulation, et que je reconnus ; elle portait de fausses signatures. Je voulus entrer en explication. « Vous vous justifierez devant l'autorité compétente, me répondit froidement le chef de cette escouade ; je ne suis chargé que de vous mettre en lieu de sûreté. Préparez-vous à me suivre. » Pendant ce colloque, Jane s'était évanouie. Je la pris dans mes bras ; je voulus lui donner des secours ; je l'appelai des noms les plus tendres. « Finissons ces vaines lamentations, me dit insolemment l'agent de police, il faut venir en prison. » Un sentiment de fureur s'empara de moi. « Misérables, leur dis-je, est-ce ainsi que vous respectez l'humanité ? — Tombons sur cette maudite canaille, me dit Patrick Fergus, en anglais, et faisons-leur voir ce que valent deux braves enfans d'Érin. » A ces mots, sans attendre ma réponse, il saisit de son bras nerveux et terrassa un de ces hommes de proie. Il n'était plus possible de reculer, et, faisant usage des forces que me donnait le désespoir, nous repoussâmes facilement cette cohue épouvantée. Patrick Fergus jeta même sur l'escalier le commissaire de police, qui roula jusqu'au bas des degrés.

Nous rentrâmes dans l'appartement; je fermai la porte, et je courus vers Jane. Elle ouvrit les yeux et poussa un cri de joie en me revoyant. Je lui fis part de la situation où j'étais, des périls dont nous étions menacés, je l'exhortai à la fermeté. « Je suis victime d'une erreur, lui dis-je; il est impossible qu'on ne me rende pas justice. Si nous sommes privés de notre fortune, j'ai des bras et du courage, je travaillerai pour toi; je travaillerai avec délices; je te consacrerai tous les instans de ma vie; et les cœurs ouverts aux douces affections d'une tendresse mutuelle envieront encore notre bonheur. »

» Pendant ce temps, la force armée était accourue. On enfonçait les portes « Toute résistance est inutile, » dis-je à Patrick Fergus, qui frémissait encore de fureur. Je me présentai à un officier qui, en jetant les yeux sur Jane, fit un mouvement d'admiration. « Je conçois, me dit-il, votre répugnance à quitter une femme aussi charmante. J'ai ordre d'employer la force pour vous arrêter ; mais un officier français connaît les égards qui sont dus au malheur et à la beauté : donnez-moi votre parole d'honneur de ne faire aucune tentative d'évasion, ainsi que ce sauvage qui vous accompagne, et j'aurai pour vous tous les ménagemens compatibles avec mon devoir. » Je consentis à tout ; je m'arrachai avec effort des bras de Jane, et nous fûmes conduits à la prison de la Force. On nous mit au secret.

» Ce ne sont pas des hommes, ce sont des démons qui ont inventé le secret des cachots. Qu'on se figure un malheureux captif, dans une enceinte étroite et souterraine, n'ayant, pour se reposer, qu'un peu de paille humide, privé d'air et de lumière, séparé du monde entier. Pour peu qu'il ait d'activité dans l'imagination, de faiblesse dans l'esprit, son cachot se peuple de fantômes effrayans; des idées sinistres l'obsèdent sans cesse; son sommeil est assiégé de terreurs. Traité en criminel, son innocence ne peut le rassurer. La cruauté des hommes lui défend d'espérer leur justice. Que les heures s'écoulent lentement dans ce lieu de ténèbres et d'horreur. La course du temps semble arrêtée : une journée dans ces cachots est un siècle de douleur.

» Voilà ce qu'il est bon d'apprendre à ces hommes qui vantent leurs institutions sociales; qui s'applaudissent de ce qu'ils nomment leur civilisation, et qui sont encore tout couverts des flétrissures de la barbarie.

» Je passai deux mois au secret sans qu'on m'en expliquât les motifs. Pendant deux mois j'interrogeai vainement l'homme inflexible qui m'apportait toutes les vingt-quatre heures un vase d'eau bourbeuse et un morceau de pain grossier; je n'en pus arracher une parole. L'image de Jane en proie à la misère, peut-être au désespoir, était devenue chez moi une idée fixe. Je la contemplais, comme si elle eût été près de moi, baignée dans ses larmes, implorant sans fruit le secours du ciel et la pitié des hommes. Quelquefois, je la voyais mourante, et m'appelant à elle pour lui fermer les yeux. Une sueur froide coulait de mes membres engourdis. Je ne pouvais ni pleurer, ni gémir; un bras d'airain semblait enchaîner toutes mes facultés. Je ne sortais de ces visions terribles que pour me livrer à de vains accès de fureur; je maudissais la vie, je maudissais l'espèce humaine et son incroyable férocité.

» Enfin, je parus devant un juge dont les traits immobiles annonçaient un froid mépris pour les peines de ses semblables. J'exposai nettement les détails de mes affaires avec M. Dickson ; je fis connaître le piége qu'il m'avait tendu et dans lequel j'étais tombé. On venait de découvrir sa retraite et de le saisir. Son témoignage me fut favorable ; on nous rendit la liberté.

» Patrick Fergus était sombre et rêveur. « Suis-moi, lui dis-je, nous ne nous quitterons plus. » J'aperçus au même instant une jeune femme vêtue de noir qui s'avançait en silence vers la porte de la prison. Un voile couvrait ses traits ; elle s'assit sur une pierre et reposa sa tête sur ses mains. Je fus saisi d'une vive émotion. « C'est elle, m'écriai-je. » A ces mots, elle lève la tête, écarte son voile précipitamment, et tombe dans mes bras. C'était Jane que, dans un autre temps, j'aurais à peine reconnue. Elle était d'une pâleur mortelle ; des torrens de larmes avaient creusé ses joues, et je crus voir dans ses yeux quelques signes d'une raison égarée. « Est-ce bien vous? me dit-elle, depuis long-temps je vous attendais. Que faisiez-vous loin de moi? Je voulais entrer, on m'a repoussée de cette porte que je venais chaque jour arroser de mes larmes. Voyez-en les traces? — Nos malheurs sont finis, ma chère Jane, lui répondis-je; ne songeons qu'au plaisir de nous revoir. — Le plaisir! Que voulez-vous dire? reprit-elle... Le plaisir!... je ne vous comprends pas. » Je lui tenais la main, et je m'aperçus avec effroi qu'elle était atteinte d'une fièvre brûlante. Je fis appeler une voiture, et nous nous rendîmes à notre appartement dont le loyer avait été payé d'avance pour une année.

J'envoyai sur-le-champ chercher un médecin qui confirma mes craintes. Jane était sérieusement malade; nous lui prodiguâmes les soins les plus actifs; mais j'étais sur le point de manquer de ressources. Patrick Fergus s'approcha de moi, et me dit : « Voilà deux cent livres sterling que je dois à la générosité de madame Baxter; en vous les rendant, c'est une dette que j'acquitte. Vous m'avez dit que nous ne nous quitterions plus; ainsi, c'est entre nous à la vie et à la mort. » Je fus touché de ce dévouement, et, le croiriez-vous? il ouvrit une source de pleurs que je croyais tarie. « J'accepte ton offre, lui dis-je, elle rétablit entre nous l'égalité : tu seras désormais mon ami. » Il y avait une âme d'homme sous cette figure repoussante; combien d'âmes de tigres animent des formes gracieuses, et qui ont reçu le poli de la civilisation.

La fièvre de Jane s'affaiblit; elle rentra dans le plein exercice de sa raison; mais elle avait essuyé un choc si violent, qu'elle tomba dans un état de langueur. Je ne la quittai pas, je veillais sans cesse auprès d'elle, je me nourrissais d'espérances trompeuses. Elle connaissait mieux que moi sa situation. « J'ai eu le cœur brisé, me disait-elle, la douleur a flétri mon existence. Je regrette de vous quitter, je voudrais vivre pour vous, mais ma destinée était d'être malheureuse, et je ne puis lui échapper. » Je m'efforçais de lui donner du courage, je crus même un jour que je conserverais un si précieux trésor ; elle semblait avoir repris des forces, ses joues s'étaient colorées, ses yeux brillaient d'un vif éclat, mais c'était une flamme expirante. Mon imagination se refuse à décrire ce dernier travail de la mort qui nous sépare du monde visible. « Nous nous reverrons un jour. » Telles furent ses dernières paroles ; elle mourut dans mes bras. Il me sembla que tous les liens qui m'attachaient à la société étaient rompus ; il n'y a point de langage pour exprimer de telles douleurs.

Patrick Fergus ne m'abandonna point. Un instinct d'humanité lui apprit à ne point me troubler dans mes sombres méditations; mais il prévenait tous mes besoins, il me suivait dans mes courses solitaires, et je le trouvais toujours près de moi quand l'occasion l'exigeait. Je passai un mois dans cet état d'abattement. Un jour, mon fidèle compagnon se plaça devant moi; j'aperçus aisément qu'il avait envie de m'adresser la parole; je l'invitai à rompre le silence, et il me dit:

« J'ai de fâcheuses nouvelles à vous apprendre. Nous allons manquer d'argent, et je ne sais ce que nous deviendrons dans ce maudit pays où il faut payer jusqu'à un verre d'eau; j'aimerais mieux vivre chez les Indiens. »

L'effet de ces paroles fut de me réveiller comme d'un profond sommeil; j'envisageai d'un coup d'œil toutes les difficultés de notre position ; mais Fergus ni moi nous n'avions d'industrie. Je sentis qu'ayant épuisé les ressources de ce fidèle serviteur, mon devoir était de le faire vivre. Je lui dis que je réfléchirais aux moyens de pourvoir à notre subsistance. « Le temps presse, ajouta-t-il, voilà notre dernière guinée. »

Pendant deux jours je cherchai avec attention ce que je pouvais faire pour sortir de l'abîme où j'étais plongé ; je ne trouvais rien de satisfaisant. Cependant les besoins pressaient, et nous étions sur le point de manquer de pain. Que faire dans une telle extrémité ? Mille partis violens s'offraient à ma pensée, je les rejetais avec horreur; implorer la pitié des hommes, je savais ce que valait cette pitié ; mourir ; c'était tromper un homme qui avait compté sur mon appui ; je ne pouvais disposer de moi-même sans son aveu.

Je lui communiquai ces réflexions. « Par

saint Patrick, me dit-il, je serais moins embarrassé que vous; j'ai rencontré hier un ancien smuggler des Pyrénées, que j'ai connu dans mes voyages, et qui m'a proposé de prendre parti avec lui. On fait de bonnes affaires sur les frontières d'Espagne; il faut mettre quelquefois le sabre à la main; mais ce n'est pas là ce qui peut nous effrayer. »

Mes principes de morale n'étaient point assez purs pour que je visse dans ces expéditions de contrebande autre chose que le transport d'une marchandise d'un lieu à un autre; j'avais besoin de mouvement; l'idée de respirer l'air des montagnes, d'exercer librement mes facultés d'homme souriait à mon imagination; la perspective même des dangers était une séduction. « Es-tu sûr de ton homme? » dis-je à Patrick. « Comme de moi-même, répondit-il, c'est le plus honnête smuggler que j'aie vu de ma vie.

Sa réputation est faite depuis long-temps, il vous flaire un douanier comme un chien couchant une perdrix, et il va au feu comme une frégate doublée en cuivre. » « Eh bien, lui dis-je, puisque nous sommes hors de la société, ne dépendons que de nous-mêmes. Engageons-nous ensemble ! »

Fergus, à ces paroles, fut transporté de joie. « Je n'aurais pas voulu vous quitter, me dit-il ; mais me voilà dans mon élément. Dans vingt-quatre heures il faudra partir. Un dépôt de marchandises d'Angteterre nous attend à quelques milles de Gavarnie. Nous les ferons entrer en dépit de tous les chiens de garde de la frontière. »

Je vis notre nouveau compagnon. C'était un Basque nommé Michel, qui me parut très-robuste, et qui était d'une agilité surprenante ; il fut ravi de notre résolution. Comme il faisait la contrebande pour le compte de quelques maisons de Paris, il avait touché des fonds, et nous mit en état de faire nos préparatifs.

Notre voyage se fit sans accident. Je me trouvai plus à l'aise sur les flancs de ces Pyrénées qui représentent la nature dans un état de convulsion. J'aimais à y passer les nuits; à voir les nuages s'élever comme un rideau humide, et découvrir aux premiers rayons du soleil les grandes scènes des montagnes. Je marchais sans crainte sur le bord des précipices; j'escaladais les roches brisées; et, parvenu au sommet de quelque pic isolé, je levais les yeux au ciel comme si j'avais eu l'espérance d'y voir une épouse chérie; car l'image de ma pauvre Jane était toujours présente à ma pensée, et je répétais souvent ses derniers mots: « Nous nous reverrons un jour. »

Nous évitâmes heureusement les villages français, et nous eûmes bientôt atteint le territoire espagnol. Le dépôt de marchandises que nous devions faire pénétrer en France était caché dans un village où nous fûmes reçus avec mystère. J'appris que la contrebande par mer était devenue si difficile qu'on avait été forcé de l'organiser sur terre. Nous attendîmes deux jours l'instant favorable pour commencer notre opération. Tout était préparé; nous étions au nombre de quinze pleins de résolution et bien armés. Michel commandait la troupe. Les marchandises furent placées sur des mulets et nous nous mîmes en marche. Le silence le plus profond régnait parmi nous. Nous entrâmes par la brèche de Roland; et, après avoir tourné le village de Gavarnie, nous prîmes la direction des hauteurs de Marboré. Le jour commençait à poindre lorsque Michel nous commande de faire halte. « J'ai entendu quelque bruit nous dit-il, je crains que le secret de notre expédition ne soit connu. » Comme il achevait ces mots, je distinguai une douzaine d'hommes armés qui s'avançaient vers nous. « Nous les repousserons, nous dit Michel; que chacun fasse son devoir; après le premier coup de feu, tombons sur eux le sabre à la main ! » Le champ de bataille était terrible ; nous avions à droite et à gauche des précipices où tombaient de bruyantes cascades, où mugissaient de rapides torrens. Nous étions entre le glaive et l'abîme. Cette situation nouvelle pour moi ne m'ôta rien de ma fermeté. Qu'avais-je à regretter dans la vie ?

» L'ennemi commença le feu et nous reçut avec intrépidité. Nous eûmes cependant l'avantage. Plusieurs de ses hommes étaient tués ou hors de combat; il commençait à reculer lorsque de grands cris nous avertirent que nous étions coupés. Un détachement de grenadiers vient nous mettre entre deux feux. Nous ne pensâmes plus qu'à vendre chèrement notre vie. Patrick Fergus, qui ne m'avait pas quitté un seul instant, et dont j'avais admiré le sang-froid et la bravoure, fut renversé, et plus heureux que moi roula au fond de ces abîmes dont l'œil n'osait mesurer la profondeur. J'avais été blessé et je m'efforçais de suivre le seul ami que j'eusse connu sur la terre; mais je fus saisi par un soldat et je ne pus mourir.

» Voilà l'esquisse rapide des événemens de ma vie. Je connais le sort qui m'est réservé; il est cruel, et je sens quelquefois que je n'étais pas né pour le subir. Je n'ai pu vaincre la fatalité qui s'est attachée à mes pas. Partout la société à offert des obstacles inconcevables au développement de mes facultés. Je ne saurais dire pourquoi; mais il me semble que, si j'avais rencontré de sages conseils et l'intérêt dû au malheur, j'aurais pu tenir un rang honorable dans le monde. Mais c'en est fait, plongé au fond d'un cachot, je ne reverrai la lumière que pour subir une mort ignominieuse. Puisse-t-elle racheter mes fautes! puisse-t-elle apprendre aux hommes à mettre l'humanité dans leurs lois, la pitié dans leurs institutions! »

» Lorsque nous eûmes achevé cette lecture, Fitz-Allan me dit. « Pauvre Baxter! il vivrait encore, il vivrait en paix, si le hasard, au lieu de le retenir dans la fange européenne, l'eût conduit aux Etats-Unis. Ces conseils, cette pitié dont il parle lui auraient été prodigués; il aurait acquis des idées plus justes sur les devoirs de l'homme; la bienfaisance aurait soudé les plaies de son cœur. Le droit de condamner sa mémoire m'est interdit; j'ai été agité comme lui de passions violentes, et, si j'étais tombé dans les mêmes mains, j'aurais sans doute fini comme lui. J'ai voulu revoir l'Europe, je commence à m'en repentir, je n'aperçois sous de brillans dehors que bassesse et corruption. Vous êtes des barbares ; il n'y a de civilisation que dans le Nouveau-Monde que vous dédaignez, et qui sera un jour votre guide et votre modèle.

A. J.

N°. XXIII. — 12 *juin* 1824.

VINGT-TROISIÈME LETTRE.

UNE SCÈNE DE LA LIGUE.

« Bodille était un simple gentilhomme,
» lequel, par vie et vengeance contre le
» tyran Childéric, espia l'occasion, et le
» tua vaillamment. Les histoires louent
» son magnanime courage, pour appren-
» dre aux tyrans à ne point abuser de
» leur puissance envers leurs sujets,
» *principalement envers les gentilshom-*
» *mes.* Se trouvera-t-il point un Bodille
» en France qui venge l'injure faite, non

» à un simple gentilhomme, mais à un
» prince des plus vaillans que jamais la
» terre ait porté (le duc de Guise), par
» un plus lâche et plus fainéant que ja-
» mais ne fut Childéric (Henri III)!

» Exhortation de la Sorbonne avant le meurtre
» de Henri III.

» *Signé*, JULIEN DE MORANNE. 17 mars. »

Telles étaient, mon ami, les exhortations infâmes qu'adressaient aux fidèles de ce temps-là les révérends docteurs de Sorbonne. Je venais de feuilleter avec horreur les pages sanglantes des mémoires de la ligue, où se trouve consignée cette épouvantable doctrine du fanatisme, quand, à la fin du deuxième volume de mon édition de 1602, je vis que le relieur avait placé un supplément d'environ quinze pages d'une écriture ancienne et très-fine. Je cherchai vainement à déchiffrer ces caractères du seizième siècle, embarrassés de jambages, de fleurons, et obscurcis par des abréviations sans nombre. Après cinq ou six heures de recherches inutiles, je quittai le volume, plus curieux de connaître le sens des pages manuscrites, que satisfait de la lecture de l'ouvrage imprimé, d'ailleurs si riche en matériaux précieux pour l'histoire. Pour peu que j'eusse envie de disserter dans le goût allemand, le lecteur trouverait tout au moins ici une feuille d'impression consacrée à une discussion plus ou moins obscure sur les *plaisirs du mystère et la volupté secrète que trouve l'intelligence dans la recherche de l'inconnu.*

Quoi qu'il en soit, je dois rendre grâce à mon ami Mathieu Laumier qui, long-temps employé aux archives, distingue un T d'un R gothique aussi facilement que le plus habile professeur allemand. A peine mon ami l'archiviste eut-il le livre entre les mains, qu'il lut presque couramment la scène suivante, écrite sans doute par un témoin des troubles civils de cette époque. Je me contente d'en altérer légèrement le style un peu trop suranné.

« C'était, dit le vieil auteur de ces feuillets manuscrits, dans le couvent des Célestins, qui servait de conciliabule principal aux membres de l'union et à leurs adhérens, c'était dans ce couvent gothique que se passait la scène que je m'en vais fidèlement et naïvement raconter. Il y avait au fond de la salle un grand crucifix de bois noir, auquel était appendue une hallebarde qui servait ordinairement, dans les processions de moines armés, au petit père feuillant, l'un des plus ardens prédicateurs que Dieu nous eût fait l'insigne grâce de nous donner. Dans une armoire de la sacristie à demi ouverte on remarquait cinq à six casaques blanches, tachées de sang, lesquelles avaient été portées pendant la Saint-Barthélemy, et que l'on conservait avec le plus grand soin, comme précieuses et saintes reliques. L'écrit admirable de maître Jacques Roux, jadis spadassin, et alors ligueur, sur la juste punition des hérétiques, était ouvert sur un petit autel auprès duquel les débris du festin de la veille avaient laissé quelques traces.

» Deux Flamands, qui servaient dans l'armée de la Ligue, et qui avaient long-temps combattu sous le duc d'Anjou, avaient déposé sur la devanture de la cheminée leurs feutres immenses, ornés de belles plumes rouges, et jouaient aux cartes sur un prie-dieu. L'un était capitaine et l'autre simple chef de gens d'armes, ce qui équivalait alors au grade de lieutenant.

PREMIER FLAMAND.

» Je jure Dieu, Walbrod, que nous ne fe-

rons rien cette année..... Cœur à la dame...
Ce Béarnais, que le diable puisse emporter!
nous fait déjà la figue ; les dernières bicoques que nous avons mises à sac ne nous
ont pas rapporté grand'chose... Pic,... repic,.... capot.

SECOND FLAMAND.

»... Vous êtes le plus heureux soudard de
la chrétienté....; le gros duc de Mayenne
ne joue pas plus heureusement... Mais, ventre Dieu! que faisons-nous dans ce couvent, murés ainsi que de closes nonnains?
Voici dix heures à l'horloge de bois,... et
cette sainte Judith ne vient point!

PREMIER FLAMAND.

» Elle va venir, soyez-en sûr... Je fais les
cartes.... Le signe de la croix :... *Ab Jove*,
comme disait le vieux pédant de Hambourg...

SECOND FLAMAND.

» Entendez-vous ? la cloche annonce que la duchesse est arrivée ; elle fait la revue de ses moinillons ,... et je ne doute pas que la grande procession cléricale, à laquelle notre présence doit donner une figure martiale, ne commence bientôt...

PREMIER FLAMAND.

» Taisez-vous,... voilà le père Rose...

» Alors entra le père Rose, une grande étole rouge sur le dos, et les yeux baissés. Ce bon prêtre avait deux pistolets attachés à sa ceinture.

» Il était suivi de trente petits moines, frères lais et novices, qui portaient des armes de toutes les espèces. Ces vengeurs de l'état s'embarrassaient de temps en temps les jambes dans leur nouvel équipement. Le petit père Bourrelet venait à la suite du bon père Turège, lequel remuait avec un certain air d'audace une longue hallebarde. Toutes ces pièces d'armure, traînées, portées, poussées, heurtées, faisaient un grand fracas, et accompagnaient l'hymne *des trois frères dans la fournaise*, que les moines chantaient en chœur, en y ajoutant quelques beaux anathèmes et de très-grosses malédictions contre le roi Henri III, qu'ils nommaient indifféremment Holopherne, Caligula, Néron, Nabuchodonosor, Mahomet et l'antechrist.

» Cette belle et sainte troupe se rangea en deux lignes sur les deux côtés de la salle.

FRÈRE ROSE.

» Voici le jour, voici le jour, voici le jour, comme il est dit dans Ézéchiel, où la bête aux sept cornes sera écrasée ; comme il est dit dans l'Apocalypse, voici le jour du sang versé pour le Seigneur.... Je prends mon texte.

» L'entrée de l'Espagnol Fortiguerra, du

petit poëte, historien, philosophe, annotateur, pamphlétaire et mercenaire, Jean Bouju, de l'abbé à la mode, Chrysostome Alcimadure d'Elbène, et d'une dame d'honneur, interrompit la prédication de frère Rose.

» Victoire, amis! victoire! s'écria la dame d'honneur : le tyran, l'Holopherne, le Caligula est mort!

FRÈRE ROSE.

» O bon Jacques Clément! ô saint Jacques Clément!

TOUS.

» Jacques Clément!

PREMIER FLAMAND.

» Quoi! c'est ce jeune paysan imbécile qui regardait si tendrement madame la duchesse?

FRÈRE ROSE.

» Ne calomniez pas, ne blasphémez pas,

ne parjurez pas! frère Jacques Clément ne regardait que le ciel. Frère Jacques, priez pour nous, priez pour nous!

» (Tout le monde tomba à genoux, en chantant, et en pleurant avec une exaltation frénétique, l'oraison de Jacques Clément.)

LA DAME D'HONNEUR.

» O pauvre Jacques Clément! beau Jacques Clément! moine héroïque, tout admirable et tout aimable! il est donc vrai que tu as accompli cette œuvre méritoire!..

JEAN BOUJU.

» Hélas! oui, madame; je l'ai vu, moi, Jean Bouju, historiographe; je l'ai vu, ce martyr, et je vous demanderai la permission de réciter à l'illustrissime dame, nouvelle Judith, nouvelle Dalila, le poëme en sixains que j'ai composé pour la postérité, avec, j'ose le dire, une élégance qui ne contrarie point la sublimité des pensées.

LA DAME D'HONNEUR.

» Maître Jean Bouju, je ne doute pas que la noble sœur du duc de Guise ne soit sensible à cette petite joyeuseté rhythmique; mais pour le moment elle a quelque chose de mieux à faire que de vous écouter.

» L'Espagnol Fortiguerra, qui n'avait pas encore parlé, se mit à pérorer pendant que la procession demi-guerrière et demi-monacale défilait en chantant le cantique de délivrance pour aller édifier la ville de Paris.

FORTIGUERRA.

» Je suis d'avis, moi, qu'après le grand coup que nous venons de frapper, il ne reste plus qu'à placer la couronne sur la tête la plus digne.

FRÈRE ROSE.

» Il faut s'entendre, seigneur. *Spiritus salvat*, l'esprit sauve. Il n'y a qu'une tête digne de la couronne : c'est la tête, le chef, le principe de l'église catholique.

L'ABBÉ D'ELBÈNE.

» Et l'avis du frère Rose serait de placer de suite sur nos bannières la légende choisie autrefois par la république de Florence : *Sous le règne de Jésus?* Le très-saint et très-éloquent frère Rose y trouverait un peu son compte. Moi, qui suis attaché à mes engagemens, je crois que le duc de Mayenne...

FORTIGUERRA.

» Bon d'Elbène, permettez-moi de vous dire que les fruits de ce grand mouvement doivent nécessairement appartenir à celui qui les a semés, à mon souverain, à mon maître, le prince des catholiques.

LA DUCHESSE qui entre entend ces derniers mots.

» Comment, messieurs, vous seriez infidèles à vos promesses !

UN DES FLAMANDS.

»Eh non! madame, ils ne sont que fidèles à leurs intérêts.

JEAN BOUJU.

»Je viens d'écrire un petit pamphlet pour le duc de Mayenne : c'est le Tocsin des bons catholiques.

FORTIGUERRA.

»On ne vous l'a payé que trois ducats ; j'en offre six pour récompense de vos labeurs en faveur du roi mon maître.

FRÈRE ROSE.

»Messire Jean Bouju sait qu'il a la nappe mise au couvent; il ne voudra pas, en désertant la bonne cause, perdre...

LA DAME D'HONNEUR.

»... Trois dîners par semaine !... Mais il sait aussi, monsieur Bouju, que le duc de

Mayenne a payé le pourpoint de soie autrefois noir qu'il nous montre aujourd'hui, et qu'un autre pourpoint....

JEAN BOUJU.

» Quel embarras ! quel embarras !

L'ABBÉ D'ELBÈNE.

» Nous sommes tous d'accord sur un point, c'est que le fléau de la France, ce roi qui s'associait aux hérétiques, a été justement frappé...

FRÈRE ROSE.

» *Justo, justissimo judicio condemnatus.*

LA DUCHESSE.

» Je suis d'avis que ce jeune héros soit de suite canonisé.

JEAN BOUJU.

» Je ferai les vers latins, et la prose du missel.

FORTIGUERRA.

» Je donne à ses descendans ou parens, même éloignés, des titres de noblesse de la part du roi mon maître.

FRÈRE ROSE.

» Je vote pour qu'une députation soit envoyée à sa mère, qui est une pauvre paysanne de Nogent-sur-Seine.

LA DUCHESSE.

» L'idée est admirable !...

FRÈRE ROSE.

» Êtes-vous prête, madame ? Nous avons des chevaux ; nous partirons de suite.

L'ABBÉ D'ELBÈNE.

» Eh bien ! allons, si madame la duchesse n'est point trop lasse.

LA DUCHESSE.

» Moi ! point du tout... Partons.

» Alors la procession rentra, et, après une collation plus rapide que frugale, toute la troupe partit en bon ordre pour Nogent-sur-Seine. On continua, pendant la route, à chanter les litanies. On trouva la vieille villageoise occupée à arracher les mauvaises herbes de son petit champ; et le frère Rose, en la saluant, lui adressa en latin un discours qui dura deux heures. »

Ici s'arrête ce fragment curieux, qui donne une idée assez juste des mœurs de cette déplorable époque dont l'illustre La Chalotais a dit :

« Toutes les horreurs de quinze siècles renouvelées plusieurs fois dans un seul : des peuples sans défense, égorgés aux pieds des autels; des rois mis à mort; un vaste état réduit de moitié par ses propres citoyens; la nation la plus belliqueuse et la plus pacifique divisée d'avec elle-même; le glaive tiré entre le fils et le père; des bourreaux, des parricides et des sacriléges, violant toutes les conventions divines et humaines par esprit de religion, voilà l'histoire de la Ligue, ou plutôt celle du fanatisme. Les agens que l'ambition ecclésiastique ou séculière a employés pour parvenir à ses fins ont séduit et décimé les peuples ignorans et superstitieux. »

Dans tous les temps l'ambition a été fanatique, et le fanatisme ambitieux.

E. J.

N°. XXIV. — 30 *juillet* 1824.

VINGT-QUATRIÈME LETTRE.

ACADÉMIE FRANÇAISE.

> Que savons-nous, après tout, quelle sera en France la fortune des lettres ? On ne saurait prévoir tous les accidens qui peuvent un jour la menacer.
>
> *Histoire de l'Académie.* OLIVET.

Quoi ! vous êtes académicien, et vous voulez que je vous parle de l'Académie ; vous ne craignez donc pas d'entendre la vérité. Vous êtes surpris du peu d'influence que cette assemblée exerce dans la république des lettres ; du médiocre intérêt qu'inspirent ses travaux et ses solennités ; elle est cependant composée, en grande partie, d'hommes d'un mérite réel ; plusieurs d'entre eux font honneur à leur siècle, et ont produit des ouvrages qui passeront, si je ne me trompe, à la postérité. D'où vient donc que l'Académie française est tellement déchue dans l'opinion publique, que le titre d'académicien n'ajoute rien à la considération d'un homme de lettres, et que le moment n'est peut-être pas éloigné où ce titre, autrefois l'objet d'une si vive ambition, n'aura guère plus de valeur que celui de baron ou de marquis ?

Vous voulez que je vous explique ce phénomène. Voyons si je parviendrai à vous satisfaire. On dit généralement que le discrédit où l'Académie est tombée vient de son asservissement au pouvoir; on ajoute que ses élections sont le fruit de l'intrigue ou de la faveur ; qu'elle n'accorde ses suffrages qu'aux médiocrités protégées ; qu'il suffit de montrer quelque indépendance dans l'opinion, quelque fierté de caractère, pour en être exclus. Tout cela pourrait être vrai, et n'expliquer qu'imparfaitement les dédains du public pour cette congrégation littéraire. S'il suffisait de l'indépendance pour lui donner du lustre, elle n'aurait jamais brillé d'un éclat bien vif ; car elle fut fondée par le despotisme, et pour le despotisme ; elle n'était pas moins soumise à l'autorité sous l'ancien régime que sous le nouveau ; elle avait peut-être même autant d'égards qu'aujourd'hui pour le talent des cours, l'esprit des bureaux et le génie des antichambres ; Louis XIV lui-même se trouva fatigué de ses adulations. Tandis qu'elle accueillait avec transport le fameux cardinal Dubois, elle proscrivait le vertueux abbé de Saint-Pierre, coupable d'avoir osé dire ce que tout le monde pensait. Voltaire, après vingt chefs-d'œuvre, ne lui paraissait pas digne du fauteuil ; ce fut madame de Pompadour qui lui ouvrit les portes de l'Académie. Cependant on tenait à honneur d'entrer dans ce corps : c'était le but de tous les travaux littéraires, l'espérance de tous les succès. Le titre de membre de l'Académie française assurait un rang dans le monde, et donnait quelque considération même à des écrivains tels que l'abbé Trublet. On courait en foule à ses séances ; on bravait tout pour y assister, jusqu'à l'ennui des complimens et aux lieux communs des harangues académiques. Ce ne serait donc pas précisément parce que l'Académie dépendrait de l'autorité, et serait soumise à l'ascendant de l'intrigue, qu'elle aurait perdu tout crédit. Il faut aller plus avant pour expliquer cette décadence.

Je veux vous faire remonter jusqu'à l'origine de l'Académie : nous partirons de ce point, et nous arriverons, j'espère, à un résultat satisfaisant.

Ce fut, comme vous savez, le cardinal de Richelieu qui fonda l'Académie française, en 1635. Ce ministre avait appris de l'abbé Bois-Robert, l'un de ses bouffons, que des hommes de lettres tenaient des conférences chez M. Conrart, l'un des amateurs les plus distingués de l'époque. Ces conférences n'avaient pour objet que le mérite des compositions, les délicatesses de la langue, et les intérêts de la grammaire. « Que si quelqu'un de la compagnie, dit Pélisson, le premier historien de l'Académie, avait fait un ouvrage, comme il arrivait assez souvent, il le communiquait volontiers à tous les autres qui lui en disaient librement leur avis; et leurs conférences étaient suivies, tantôt d'une promenade, tantôt d'une collation qu'ils faisaient ensemble. Ils continuèrent ainsi trois ou quatre ans, et, comme j'ai ouï dire à plusieurs d'entre eux, avec un profit extrême et un plaisir incroyable; de sorte que quand ils parlent aujourd'hui de ce temps là, ils en parlent comme d'un âge d'or durant lequel, avec toute l'innocence et la liberté des premiers siècles, sans bruit et sans pompe, et sans autres lois que celles de l'amitié, ils goûtaient ensemble tout ce que la société des esprits et la vie raisonnable ont de plus doux et de plus charmant. »

Le cardinal de Richelieu qui n'aimait pas plus les réunions libres que nos ministres du jour ou peut-être du moment, invita Bois-Robert à demander à ces gens de lettres s'ils ne voudraient point faire un corps, et s'assembler régulièrement sous une autorité publique. « M. de Bois-Robert, ajoute l'historien, ayant répondu qu'à son avis cette proposition serait reçue avec joie, il lui commanda de le faire, et d'offrir à ces messieurs sa protection pour leur compagnie, qu'il ferait établir par lettres-patentes, et à chacun d'eux en particulier son affection qu'il leur témoignerait en toute rencontre. »

On voit par ce peu de mots tout l'intérêt que le cardinal de Richelieu attachait au succès de sa proposition. Il était bien difficile de résister à l'affection d'un tel ministre, et l'on savait ce que signifiait de sa part une invitation. « Cependant, dit Pélisson, à peine y eut-il aucun de ces messieurs qui n'en témoignât du déplaisir, et ne regrettât que l'honneur qu'on leur faisait vînt troubler la douceur et la familiarité de leurs conférences. »

La proposition du cardinal ministre fut examinée dans une réunion solennelle. Après plusieurs observations, M. Chapelain, dit encore Pélisson, représenta, « qu'à la vérité ils se seraient bien passés que leurs conférences eussent ainsi éclaté; mais qu'en l'état où les choses se trouvaient réduites, il ne leur était pas libre de suivre le plus agréable des deux partis; qu'ils avaient affaire à un homme qui ne voulait pas médiocrement ce qu'il voulait, et qui n'avait pas accoutumé de trouver de la résistance, ou de la souffrir impunément; qu'il tiendrait à injure le mépris qu'on ferait de sa protection, et s'en pourrait ressentir contre chaque particulier; que du moins puisque, par les lois du royaume, toutes sortes d'assemblées qui se faisaient sans autorité du prince étaient défendues; pour peu qu'il eût envie, il lui serait fort aisé de faire malgré eux-mêmes cesser les leurs, et de rompre, par ce moyen, une société que chacun d'eux désirait être éternelle. »

Ces raisons étaient trop puissantes pour ne pas entraîner l'assemblée. M. de Bois-Robert fut prié « *de remercier très-hum-*

blement M. le cardinal de l'honneur qu'il leur faisait, et de l'assurer, qu'encore qu'ils n'eussent jamais eu une si haute pensée, et qu'ils fussent fort surpris du dessein de son eminence, ils étaient très-résolus de suivre ses volontés. »

Ainsi, d'après l'indiscrétion de Bois-Robert, et l'éloquence de Chapelain, on peut considérer ces deux écrivains comme les véritables fondateurs de l'Académie française, ou du moins ils doivent partager cet honneur avec le cardinal de Richelieu.

Ce ministre aimait les lettres, mais il voulait qu'elles fussent l'auxiliaire de la puissance; et dans son système il avait parfaitement raison. Aucune institution ne peut être durable à moins qu'elle ne soit en rapport avec la nature du gouvernement et l'esprit général de la société. Sans ces conditions indispensables, elle s'anéantit bientôt, ou se débat péniblement sous le poids de l'indifférence publique. Il fallait au pouvoir absolu une institution littéraire telle que l'Académie française; ils se servaient réciproquement; l'alliance était naturelle; personne n'y voyait un objet de surprise ou de censure; comme tout était rangé sous le même système, une assemblée où les talens de l'esprit étaient cultivés, dont les membres s'efforçaient d'enrichir la littérature par de bons ouvrages, était encore ce qu'il y avait de plus honorable dans le pays. On pouvait même, sans blesser l'opinion, tirer vanité des faveurs du pouvoir ou de la protection des grands.

Mais Richelieu avait aussi un but personnel. Depuis l'exil de Marie de Médicis, il s'était élevé contre lui une foule d'écrivains qui s'étaient réfugiés dans les Pays-Bas espagnols, et qui, à l'abri de ses vengeances, ne cessaient de lui reprocher son ingratitude, d'attaquer son administration, d'entretenir assidûment les haines qu'il avait excitées. Chaque semaine, chaque jour voyait éclore quelques nouveaux libelles; et la police, beaucoup moins industrieuse alors qu'elle ne l'est aujourd'hui, prévenait rarement l'introduction de ces ouvrages scandaleux, recherchés avec avidité. On remarquait surtout parmi ces auteurs satiriques un ex-jésuite du nom de Mourgues, abbé de Saint-Germain, et attaché à la reine-mère; fécond en sarcasmes, inépuisable dans ses diatribes, il ne laissait échapper aucune occasion de blesser le cardinal ministre dans son amour-propre ou ses affections. Richelieu sentit le besoin de combattre ses ennemis sur le terrain où ils s'étaient placés. Il lui fallait des apologistes; il les trouvait naturellement dans les quarante membres dont l'Académie naissante devait être composée. C'était une espèce de bataillon littéraire, toujours armé pour sa défense. Aussi l'article cinquième des statuts qui formaient le règlement délibéré et arrêté par les premiers membres de l'Académie, était ainsi conçu : « *Chacun des académiciens promet de révérer la vertu et la mémoire de monseigneur leur protecteur.* » Le cardinal, homme de sens, comprit que ses protégés allaient un peu trop loin ; il trouva de l'excès, peut-être même du ridicule dans une pareille adulation ; il désira qu'elle fût supprimée ; mais la compagnie, pour éterniser un tel acte de modestie, ordonna, dit Pélisson, qu'il en serait fait mention dans les registres.

Les esprits furent partagés sur la nature et le mérite de la nouvelle institution. Les partisans de Richelieu en parlaient avec admiration, comme d'une pensée sublime et d'une création de génie ; ses adversaires n'y voyaient qu'un nouvel appui de sa domination : d'autres s'en moquaient comme d'une chose puérile. Un conseiller au parlement, nommé Scarron, père du poëte burlesque, étant appelé à donner son avis sur la vérification des lettres-patentes qui établissaient l'Académie, dit, « *que cette rencontre lui remettait en mémoire ce qu'avait fait autrefois un empereur qui, après avoir ôté au sénat la connaissance des affaires publiques, l'avait consulté sur la sauce qu'il devait faire à un grand turbot qu'on lui avait apporté de bien loin.* » Il y avait dans ce rapprochement plus de liberté qu'il n'en fallait pour exciter l'inimitié du ministre. A la première occasion qui se présenta, le conseiller Scarron fut privé de sa charge, et envoyé en exil : la peine n'était pas proportionnée au délit.

Le pouvoir absolu s'était fortifié entre les mains de Louis XIV; mais, en même temps, il s'était ennobli par la victoire et le génie des arts ; on exigeait de toutes les classes de la nation une obéissance passive, mais il y avait dans cette obéissance quelque chose d'héroïque qui la tenait au-dessus de l'abjection. L'éclat du trône se réfléchissait sur la France, tout ce qui s'en approchait en recevait quelque lustre. Louis XIV consentit à devenir le protecteur de l'Académie ; cela suffit pour élever le titre d'académicien, et en faire un objet d'envie. C'est à dater de cette époque que la pensée d'appartenir un jour à l'Académie enflamma l'émulation des hommes de lettres, et même de plusieurs personnages qui ne l'étaient pas. Des ministres, des grands seigneurs, des prélats se mirent sur les rangs, ce qui flattait l'orgueil des simples académiciens. Ils ne s'apercevaient pas que ce mélange assurait encore plus leur dépendance. Un seul d'entre eux, Patru, l'ami de Racine et de Boileau, leur indiqua ce danger. C'était une grande hardiesse ; aussi se servit-il d'un apologue; ce qui prouve qu'alors la science de l'interprétation était moins redoutable qu'elle ne l'a été depuis. Il s'agissait de recevoir un grand seigneur dont l'esprit n'avait été que médiocrement cultivé. « Messieurs, dit Patru, un ancien Grec avait une lyre admirable; il s'y rompit une corde; au lieu d'en remettre une de boyau il en voulut une d'argent, et sa lyre, avec sa corde d'argent perdit son harmonie. »

L'abbé d'Olivet, qui nous a conservé cette curieuse anecdote, ajoute que l'apologue de Patru fit autant d'effet sur l'académie que celui de Ménénius sur le peuple romain; mais il ne va pas plus loin; il nous laisse ignorer quel fut le sort de l'élection. Cette réticence prouve assez que la corde d'argent fut préférée à la corde de boyau.

Après la mort de Louis XIV, l'Académie, quoiqu'elle fût composée de quelques hommes d'un vrai talent, et de plusieurs écrivains dignes d'estime, perdit beaucoup de sa récente illustration. On s'y adressait des complimens réciproques; on y rédigeait des harangues fort ennuyeuses pour les présentations; on y distribuait annuellement des prix de rhétorique et de versification; on y parlait de grammaire; le tout à l'insu du public. C'est que l'esprit humain était en marche, que les opinions changeaient autour de l'Académie, et qu'elle restait immobile, attachée au pouvoir, immobile comme elle, et ne s'occupant guère que de frivolités.

Elle exista près d'un demi-siècle dans cet état d'inertie; mais lorsqu'enfin l'opinion, devenue puissante et active, déborda le pouvoir matériel et envahit la société, la commotion se fit sentir au sein de l'Académie. Elle éprouva aussi sa révolution ; elle se mit en rapport avec les idées générales sans cesser d'être soumise à une autorité qui s'affaiblissait même par ses excès, et acquit une importance réelle en abandonnant la routine des discours vagues et des lieux communs oratoires ; elle proposa à l'éloquence des sujets dignes d'elle. Les hommes de lettres se pressèrent en foule à ses concours, lorsqu'elle leur demanda des éloges tels que ceux de Descartes, de Fénélon, de Catinat, de l'abbé Suger. Nous devons à cette heureuse innovation des ouvrages où la philosophie et l'éloquence se prêtent un mutuel secours, se réunissent dans l'intérêt de l'humanité et de la raison. Ce fut l'époque la plus brillante de l'Académie. Cette institution était alors parfaitement assortie à la nature du pouvoir qui cédait lui-même par degrés à l'ascendant de l'opinion, et qui abandonnait à la société, sans se douter des conséquences, le patronage des lettres.

Les solennités académiques de cette époque ont laissé de profonds souvenirs. On sait que l'élite de la société se faisait une fête d'y assister, et d'encourager par ses suffrages les jeunes écrivains dont les talens avaient déjà obtenu ceux de l'Académie. Les vérités les plus hardies, éloquemment exprimées, étaient reçues avec enthousiasme et retentissaient au loin. Aussi le désir d'occuper une place dans ce sénat littéraire, dispensateur de la gloire, était devenu une passion. Les hommes de cour et les hommes de lettres aspiraient également au fauteuil. Les premiers se présentaient avec trop d'avantages pour n'être pas souvent préférés; mais il est bon d'observer en passant que ce n'était plus pour faire leur cour au monarque, comme sous Louis XIV, qu'ils aspiraient à l'Académie, mais uniquement pour obtenir l'attention d'un public éclairé. Autrefois ils croyaient faire honneur à cette assemblée en s'y faisant admettre ; alors c'était l'Académie qui les honorait. Quel prodigieux changement dans les mœurs et dans l'opinion !

L'Académie était encore dans cette florissante situation lorsque la révolution, préparée par des causes diverses, éclata au milieu d'un peuple qui voulait avec ardeur la liberté, mais qui manquait des lumières nécessaires pour la distinguer de la licence, et préparé à braver tous les dangers, excepté ceux de l'anarchie. Les vieilles institutions n'étant plus soutenues par l'appareil de la force; n'ayant de base ni dans les opinions, ni dans les intérêts de la société, s'écroulèrent; singulière époque où les opinions triomphèrent des mœurs; ce ce qui n'était jamais arrivé. Cette remarque, qui a échappé aux historiens, est le fil d'Ariane qui seul peut les guider au travers du labyrinthe des factions, et les conduire à l'époque où, par une réaction inévitable, les mœurs triomphèrent des opinions ; remarque qui explique suffisamment le phénomène social dont nous sommes condamnés à être témoins ; c'est-à-dire la liberté en théorie et la servilité en pratique.

Les Académies fondées par la monarchie s'éteignirent dans la république. Il fallut songer à les organiser pour un nouvel ordre de choses ; c'est alors que fut conçu le projet de l'Institut national, heureuse conception qui, en réunissant, par un lien commun, les diverses parties des connaissances humaines, depuis l'observation matérielle jusqu'aux sublimes inspirations du génie, les fortifiait les unes par les autres et devait les porter au plus haut point de développemement. Quelques années d'existence de l'Institut toujours respectable, toujours respecté, ont prouvé ce qu'on devait attendre d'une si haute organisation et d'un concours de talens si distingués dans tous les genres.

Mais la liberté était dans nos opinions, non dans nos mœurs ; la liberté expira sous la tente d'un soldat audacieux, plein de génie, et qui connaissait bien les hommes de son temps. Ce guerrier, qui tiendra une si grande place dans l'histoire, aurait pu se servir du pouvoir pour mettre la probité, le désintéressement, l'amour de la patrie en honneur, pour favoriser l'instruction, inspirer la vertu publique et poser d'une main ferme les limites d'une sage liberté ; malheureusement il s'aperçut que ces limites devaient être aussi celles de sa puissance; le frein des lois gênait sa pensée; il pouvait obtenir l'amour, il obtint l'obéissance et quelquefois l'admiration ; mais l'obéissance cesse quand la force manque; l'admiration n'est qu'un sentiment fugitif qui s'épuise faute d'aliment, et l'on ne peut pas toujours la nourrir de prodiges; l'amour seul des peuples, l'amour fondé sur de grands services, sur des bienfaits réels, soutient dans l'adversité le pouvoir qui ne s'exerce que dans l'intérêt de tous. Napoléon préféra la gloire d'un héros à celle d'un grand homme : il a été la seconde victime de ce choix vulgaire.

L'Institut ne pouvait convenir au despotisme; on lui conserva son titre, mais les classes furent isolées l'une de l'autre; on leur permit de reprendre leurs anciennes dénomination, et, par une vanité puérile, cette permission fut acceptée. Une section même, celle des sciences morales, encourut la disgrâce du maître qui en ordonna la suppression. Alors l'Académie française redevint ce qu'elle avait été sous Louis XIV, avec cette différence que la plus grande partie des membres qui la composaient, conservant des idées philosophiques, étaient disposés à lutter contre le retour des doctrines serviles, espèce de lutte qui, en occupant les esprits, servait même le pouvoir absolu.

Cependant, cette seule circonstance suffisait pour mettre l'Académie en rapport avec l'opinion générale et les intérêts de la société; elle jouissait d'un haut degré de considération. On se disputait ses couronnes avec émulation; on accourait comme autrefois à ses séances, où l'on se faisait désigner plus particulièrement les membres connus par l'indépendance de leur pensée. Les choix n'étaient plus libres, mais le pouvoir qui les contrôlait était immense; il semblait présider aux destinées de l'Europe; un fauteuil académique rapprochait un peu de ce pouvoir. Que fallait-il de plus pour réveiller toutes les ambitions?

J'ai parcouru brièvement une longue suite d'années. Je pourrais m'arrêter ici. De l'exposition des faits que je viens de raconter vous déduiriez aisément les raisons de l'indifférence publique pour l'Académie actuelle; mais comme je n'aime pas à laisser de voile sur ma pensée, je vais suivre le cours de mes remarques.

La restauration nous saisit au moment où toutes les classes de la société étaient fatiguées du pouvoir absolu, et, se trouvant éclairées par l'expérience et le malheur, étaient propres à recevoir, avec une gratitude sans bornes, les bienfaits de la liberté. Le vœu public fut entendu : la sagesse d'un monarque législateur nous donna cette charte qui doit survivre à tous les partis, puisque tous les partis s'y rattachent à mesure qu'ils perdent la domination, et qui doit faire un jour le bonheur des Français.

Mais si nous avons la charte, nous manquons encore des principales institutions qui lui donneraient la vie et le mouvement. Nous jouissons de quelques libertés, il serait injuste de ne pas en convenir; mais ces libertés n'ont encore pour garanties que l'influence de l'opinion. Nous retrouvons partout les règlemens et les décrets arbitraires de l'empire. C'est une succession que le pouvoir ministériel lâchera difficilement, parce qu'elle est tout à son profit.

Aussi le ministère, consultant plus son intérêt que celui du monarque et du peuple, s'efforce de revenir aux anciennes traditions d'un régime qui n'est plus approprié à notre situation; il voudrait tout administrer, même l'opinion publique et la littérature; et pour arriver à ce but, il emploie tous les moyens qu'il puise dans le code du despotisme. C'est un arsenal où il choisit sans cesse de nouvelles armes.

Dans cet état de choses, les diverses académies ont dû fixer son attention. Le ministère étant jaloux d'enlever au public, ou du moins de partager avec lui, en attendant mieux, le patronage des lettres, des sciences et des arts, il a donc fallu que ces académies n'ouvrissent leurs portes qu'à des hommes qui lui fussent agréables, et sur lesquels il pût compter pour sa défense ou ses apologies. Ce projet a été si loin, qu'on a vu, sans trop de surprise, une circulaire de bureau recommander un candidat aux membres de l'Académie des sciences, comme s'ils avaient eu à nommer un simple commis. Cette Académie s'est honorée par sa résistance; mais elle est dans une situation particulière : on ne remplace pas un grand géomètre ou un naturaliste du premier ordre aussi facilement qu'un homme de lettres, un érudit ou un musicien.

Le premier échec qu'a reçu l'Académie française a été l'ordonnance qui, en excluant de son sein des membres qu'elle avait librement adoptés, lui en a imposé d'autres dont elle se souciait peu, et qui ont dû être surpris eux-mêmes de se voir académiciens. Dès lors l'Académie s'est divisée en deux partis : d'un côté étaient les hommes amis de la raison et d'une sage liberté, ayant avec la société, par leurs talens et par leurs opinions, des liens de sympathie; de l'autre, les élus du pouvoir et ceux qui, par calcul ou par conviction, sont opposés aux idées nouvelles. Il était facile de prévoir qu'à l'aide du temps ce dernier parti l'emporterait sur l'autre. Chaque décès lui amenait une recrue, chaque nomination augmentait sa force; enfin, nous l'avons vue éclater dans toute sa plénitude aux dernières élections où M. Soumet l'a emporté sur M. Casimir Delavigne. M. Soumet n'est point un poëte sans mérite; mais quelle prodigieuse distance de lui à son concurrent! M. Soumet était le candidat du pouvoir, M. Casimir Delavigne celui de l'opinion publique; le choix de l'Académie prouve qu'elle n'a plus, comme corps, rien de commun avec l'opinion.

Mais, me dira-t-on, les élections académiques étaient-elles parfaitement libres sous le règne de Louis XIV? Non, sans doute, mais c'était le grand monarque lui-même qui intimait ses volontés à l'Académie comme à la nation. Il n'y avait point d'avilissement dans la commune soumission. Mais ici ce sont de simples ministres, que sais-je, des chefs de bureaux qui exercent l'influence à laquelle on obéit, tandis qu'au dehors on pense et on agit librement. L'Académie qui devrait devancer la société, se trouve donc en arrière; et chaque jour la distance entre elles devient plus considérable. Voulez-vous une autre preuve du discrédit réel où l'Académie française est tombée, discrédit que ses membres aperçoivent quoique peut-être aucun d'eux ne veuille se l'avouer à lui-même ? Rappelez-vous quelle indifférence elle a opposée jusqu'à ces derniers temps aux critiques, aux sarcasmes, aux invectives mêmes que la vanité blessée ou l'envie ne cessaient de lui adresser. Elle répondait aux libellistes par le mépris; et cette réponse était la seule qui convînt à une assemblée protégée par une réunion de talens distingués, et environnée de la considération publique. Mais il n'en est plus ainsi, les épigrammes l'irritent; quelques-uns de ses membres découvrent des méchancetés où d'autres n'apercevraient que de simples plaisanteries. On a vu même je ne sais quel écrivain traduit devant les tribunaux pour avoir attaqué l'Académie; et l'honneur de ce corps littéraire a été vengé par arrêt de la justice correctionnelle.

Vous voyez avec quelle liberté, quelle franchise d'opinion je vous ai exposé mes pensées; c'est que je regrette qu'une institution qui pourrait être si utile aux lettres, qu'une société dont vous êtes membre, où je compte quelques amis, dont les suffrages ont été autrefois l'objet de mes veilles, et qui renferme encore des talens précieux, ne tienne pas dans le monde un rang que le gouvernement lui-même, s'il consultait son véritable intérêt, devrait lui accorder; car il importe que les institutions soient en harmonie avec la société; c'est une garantie de durée, un gage de stabilité. Espérons que cette vérité ne sera pas long-temps méconnue par un prince ami des lettres et fondateur de nos libertés; que je saluerais avec plaisir le jour où l'Académie française, indépendante dans ses choix, rappelant dans son sein de grands talens proscrits sans justes motifs, redeviendra l'arbitre du goût et le dernier asile du génie ! A. J.

N°. XXV. — 5 *août* 1824.

VINGT-CINQUIÈME LETTRE.

NOIR ET BLANC.

> . . . . . . *Nimium ne crede colori.*
> Virgile.
> Ne vous en rapportez pas à la couleur.

J'ai toujours cru, mon ami, qu'il était possible de tirer un fort joli roman d'une anecdote que connaissent tous les navigateurs. Vous en avez sans doute entendu parler ; il s'agit d'un jeune missionnaire danois retenu pendant deux ou trois ans dans une île de l'Océanique par les charmes d'une beauté Otaïtienne. Depuis que je connais ce bizarre jeu du hasard et de l'amour, mon imagination, dans ses jours de liberté et de badinage, se représente volontiers cette noire enfant du soleil enlaçant dans ses bras le fils d'un honnête marchant de Copenhague. Cette union réunissait pour ainsi dire les deux bouts du monde.

Le missionnaire Andréas Wolfstein avait beaucoup voyagé; la belle Tabouna n'avait jamais passé les récifs qui bordent son île. On la voyait souvent, comme l'ombre d'une néréide, glisser le soir sur la mer, et faire voler son canot sur la cîme des vagues. Les ondes étaient moins indépendantes qu'elle, et le soleil du tropique moins brûlant que la flamme qu'elle ne tarda pas à ressentir.

L'équipage du navire danois qui portait le missionnaire se révolta. Les matelots enchaînèrent leur capitaine, le placèrent sur la chaloupe avec quelques-uns de ses amis, et l'abandonnèrent aux flots, en conservant le navire comme leur propriété.

Bientôt cette embarcation fragile, devenue le jouet des vagues, s'abîma, et, forcés de se jeter à la nage, les exilés de la chaloupe périrent tous à l'exception du missionnaire danois, lequel fut sauvé, comme vous allez voir, par l'événement le plus romanesque, ou, si vous aimez mieux, le plus romantique.

Ses forces étaient épuisées; et, bien qu'il se fût préparé par de longs exercices aux dangers de la vie maritime, et qu'il nageât aussi bien qu'un matelot de Greenwich ou de Portsmouth, après avoir lutté deux heures contre la mort, ses membres s'affaiblirent et son corps fatigué ne pouvait plus fendre la vague. De temps en temps, par un nouvel effort, il soulevait sa tête au-dessus des eaux.

Dans ce moment terrible Tabouna dirigeait sur les mêmes bords sa barque rapide; elle voit ce malheureux près de périr, et s'élance hors de sa pirogue. Nue, elle plonge dans la mer, saisit Andréas, et tous deux disparaissent.

Sur ce point du rivage d'Otaïti se trouve une grotte fameuse dont Bougainville a parlé dans son *Voyage autour du monde*, et qui offre une entrée sous-marine inconnue à l'audace des habitans de cette île. C'est une roche immense, sans accès et sans issue; mais au centre, cette grotte est creusée : le soleil pénètre jusqu'au fond de cette espèce d'entonnoir, et la mer s'y précipite par une porte naturelle cachée sous les eaux. Ce fut à travers cette roche que Tabouna, supportant son précieux fardeau, fut jetée dans un petit lac au milieu d'une plaine riante entourée d'immenses rochers comme d'un rempart.

J'en appelle aux nobles dames qui s'amusent à faire à la fois des romans pour le public et pour les pauvres, cette scène n'offre-t-elle pas à l'imagination d'un auteur de bien aimables et de bien singuliers contrastes? Le plus vieux et plus nouveau monde se rencontrant au sein des mers; la solitude et la beauté conspirant contre la chasteté d'un pauvre missionnaire.

La belle Tabouna admirait pour la première fois cette pâleur de l'Européen, qui lui semblait si nouvelle. Les formes sveltes et gracieuses, l'innocence, le courage et le dévouement de Tabouna pouvaient-ils ne pas gagner le cœur d'Andréas? Dans cette solitude profonde, protégés par les vagues qui grondaient autour d'eux, nourris par les coquillages que la mer jetait sur le sable et par les fruits savoureux des bananiers, ils voyaient s'écouler les jours, les nuits et les mois occupés d'eux seuls, heureux autant que mortels ont jamais pu l'être.

Ils ne tardèrent pas à se former un langage de mots barbares de la langue danoise et du dialecte primitif des îles d'Otaïti. Tabouna dit un jour à son amant :

Bel enfant de ces contrées dont la mer nous sépare, as-tu jamais goûté dans ton pays ces plaisirs vifs et faciles que nous trouvons ici ?

ANDRÉAS.

Non, Tabouna ; ces plaisirs ne sont pas légitimes, et ne sont pas permis aux enfans de l'Europe.

TABOUNA.

Je ne te comprends pas.

ANDRÉAS.

Nous avons des lois.

TABOUNA.

Qu'est-ce que des lois ?

ANDRÉAS.

Ce sont des conventions qui nous obligent à beaucoup de choses. Un prêtre nous unit pour notre vie à une seule femme que fort souvent nous n'aimons guère. Nous vivons avec elle dans une cellule carrée, taillée dans une vaste carrière, et où chaque famille a son petit réduit. Nos femmes nous donnent des enfans qui nous abandonnent au bout de quelques années pour vivre de la même manière.

TABOUNA.

Je vous croyais plus heureux et plus sages.

ANDRÉAS.

Nous sommes plus civilisés; nous nous entassons au nombre de dix mille, de vingt mille, de trois cent mille, d'un million, sur le même coin de terre, où nous nous disputons l'eau, l'air et les rayons du soleil. Nous imaginons beaucoup de choses; nous trouvons une foule de secrets merveilleux; nous construisons des machines pour voler dans l'air, pour descendre sous l'eau; nous plaidons pour savoir à qui d'entre nous reviendront les profits qui en résultent; nous avons porté l'industrie jusque dans les lois et dans la justice. Quand un Européen déplaît à ses semblables, soit qu'il ait voulu prendre leurs biens, ou qu'il ait attaqué leur vie, nous lui faisons son procès; et pour cela nous avons des instrumens de supplice variés à l'infini : des gibets, des roues, des bûchers, des prisons et des bourreaux. Vous voyez bien, Tabouna, que nous sommes plus civilisés que vous.

TABOUNA.

Dites donc que vous êtes plus méchans. Pourquoi vous disputer, vous égorger les uns et les autres? Quels plaisirs trouvez-vous à cela?

ANDRÉAS.

Les plus heureux et les plus habiles y gagnent beaucoup de pièces d'une matière dure et brillante, qu'ils entassent pour acheter ce qu'ils désirent.

TABOUNA.

Qu'est-ce qu'acheter?

ANDRÉAS.

C'est donner une chose pour une autre. Avec ces petits morceaux d'or et d'argent on se procure des alimens, des vêtemens, des femmes, des huttes plus belles; aussi, commet-on beaucoup de crimes pour se procurer cet or et cet argent, qui représentent tous les plaisirs.

TABOUNA.

Oh! mon cher petit blanc, ne retourne

pas dans ce vilain pays; ne m'as-tu pas raconté qu'ils t'avaient déjà jeté une fois à la mer pour avoir tes pièces d'or. Va, ce sont des méchans; et toi seul est bon.

ANDRÉAS.

Tabouna, nous avons aussi des arts : nous faisons avec de la pierre des images qui ressemblent à un homme, ou à une femme que la nature a faite belle comme toi.

TABOUNA.

Mais, mon ami, que faites-vous de cette pierre là; elle ne vous aime pas.

ANDRÉAS.

C'est le plaisir des yeux. Nous avons aussi la gloire.

TABOUNA.

Encore un mot que je n'entends pas.

ANDRÉAS.

Nous rassemblons beaucoup d'hommes sous la conduite d'un seul, avec lesquels nous en écrasons un grand nombre d'autres. Nous avons inventé des machines qui grondent comme les tonnerres, qui brûlent et tuent comme eux; avec ces moyens réunis nous nous exterminons par milliers.

TABOUNA.

Vous appelez cela de la gloire......

On dit que Tabouna et son amour retinrent pendant trois ans le missionnaire danois dans cette grotte enchantée; mais un jour un pêcheur de perles pénétra dans cet asile et apprit aux habitans du comptoir danois le sort du missionnaire, qui fut recueilli par une frégate, et revint dans son pays. De retour à Copenhague, il écrivit ses voyages, et fut jeté dans un cachot où il mourut, pour avoir dit qu'il avait vécu dans des liens criminels avec une sauvage de l'Océanique qui lui avait sauvé la vie, et que la religion des Otaïtiens se rapprochait en quelque chose de la religion chrétienne. E. J.

TABLE DES LETTRES

CONTENUES

DANS LE DEUXIÈME VOLUME.

Pages.

XVe. Lettre. L'Homme aux dix-sept femmes. 1

XVIe. Lettre. Le Quaker. 25

XVIIe. Lettre. L'Assemblée de famille. 61

XVIIIe. Lettre. Dialogue entre deux insulaires. 71

XIXe. Lettre. Le Chiffonnier littérateur. 97

XXe. Lettre. Le Café Procope. 113

XXIe. Lettre. Les Visites du matin. 127

Pages.

XXIIe. Lettre. Suite du Prisonnier de New-York. 159

XXIIIe. Lettre. Une Scène de la Ligue 225

XXIVe. Lettre. Académie française. 243

XXVe. Lettre. Noir et Blanc 275

FIN DE LA TABLE DU DEUXIÈME VOLUME.

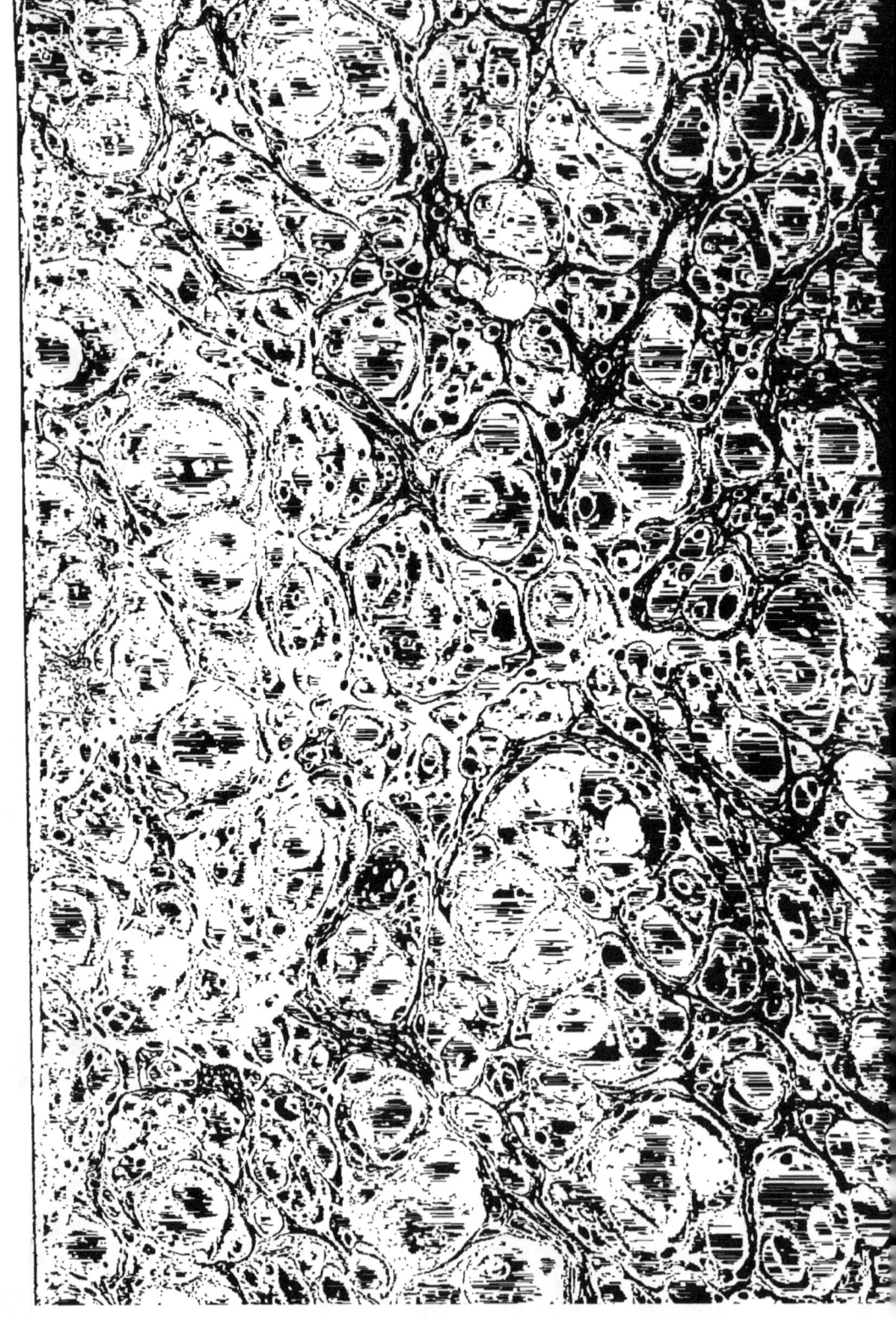

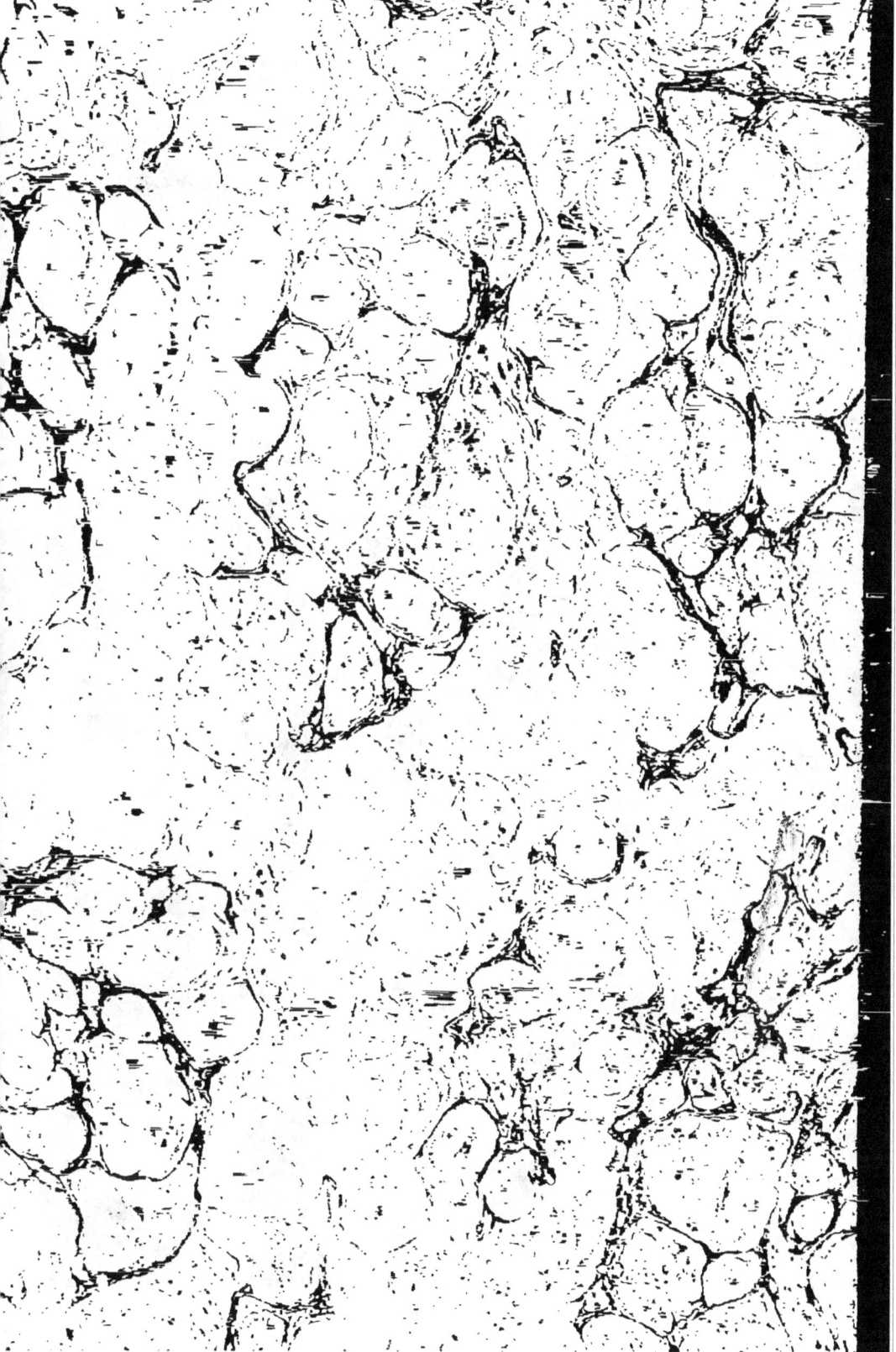

www.ingramcontent.com/pod-product-compliance
Lightning Source LLC
Chambersburg PA
CBHW071348150426
43191CB00007B/889